홍선호 선생님의 상큼한 수학 이야기

홍쌤의 수학알레르기 이별수업

홍선호 선생님의 상큼한 수학 이야기

홍쌤의 수학 알레르기 이별수업

홍선호(M496 창의수학연구소 소장) 지음

중앙에듀북스

머리말

현재 우리의 주변에는 '수학 알레르기'를 앓고 있는 사람들이 꽤 많습니다.

수학은 인간의 사고력을 통해 이루어지며 일상생활의 모든 것을 움직이는 기본이 되지만, 수학을 싫어하는 사람이 너무나 많은 것이 현실입니다.

그리고 초등학교와 중학교를 다니고 있는 학생들은 많은 시간을 수학에 할애를 하고 있지만, 학생들의 대다수는 이를 견디지 못하고 수학을 거부하는 사태로까지 치닫고 있습니다.

또한 학교 수학에 포함되어 있는 내용도 상당히 많은 편이기 때문에 그것을 접하는 학생들은 지겹기만 합니다. 그래서 수학 자체에 흥미를 갖는 일은 좀처럼 쉽지 않습니다.

이 책은 수학을 싫어하는 아이들이 어떻게 하면 수학을 좋아하게 만들 수 있을까라는 부모님의 고민을 해결해 드리고자 하는 취지에서 만들어졌습니다.

이런 의미에서 저자는 가능한 모든 영역의 소재를 다루려고 노력했으며, 학교나 교과서에서 다루고 있지 않는 재미있고 유익한 내용을 많이 담으려고 했습니다. 이 책은 수학 학습 참고서가 아닙니다. 또한 이 책을 통해서 수학을 정복하리라고는 생각하지 않습니다.

  다만 수학에서 다루어지고 있는 개념이나 원리를 다른 시각에서 바라보는 방법과 새로운 아이디어를 제공해 주고자 하는 목적에서 만들었습니다. 또한 수학이란 힘들게 학습하는 학문이 아니라 일상생활에서 생기는 수많은 문제를 손쉽게 해결하기 위한 즐겁고 흥미진진한 학문입니다.

  이 책을 쓰게 된 목적은 학생들의 일상생활 속에서 재미있는 이야기를 소개해서 어린이들이 수학을 좋아하게 만드는 것입니다. 자신이 좋아하는 일은 잘 하기 마련입니다. 먼저 수학을 좋아할 수 있는 동기를 마련해 준 뒤, 학생들이 수학을 잘 할 수 있도록 하는 것이 수학의 실력을 향상시키는 지름길이라고 생각하기 때문입니다.

  이 책을 통해 학생들이 수학을 좋아하게 되는 계기가 된다든지 수학을 좋아해서 수학 실력이 는다면 글쓴이로서 그보다 기쁜 일은 없을 것입니다.

홍선호(M496 창의수학연구소 소장)

차 례

1장 수와 연산

1. 수와 숫자란 무엇인가? … 10
2. 숫자의 기원 … 19
3. 너무나도 어려웠던 (사칙연산) 계산법 … 26
4. 자연수에서 더할 수 있는 것과 더할 수 없는 것 … 31
5. 곱셈의 원리를 알면 문장제가 쉬워진다 … 39
6. 0으로 나누면 안 되는 이유는 무엇인가? … 47
7. 음수의 개념을 알아보자 … 56
8. 소수(prime number)의 매력은 무엇인가? … 63

2장 도형과 측정

1. 잴 수 없는 부분의 길이를 재어보자 … 74
2. 분리량과 연속량이란 무엇인가? … 84
3. 삼각형 세 내각의 합이 180°인 것을 증명하는 여러 가지 방법 … 90
4. 원의 비밀은 원주율에 있다 … 98
5. 생활에서 볼 수 있는 도형 속에 들어 있는 지혜로움 … 108
6. 근삿값을 구하는 이유는 무엇인가? … 114
7. 달력은 어떻게 만들어진 것인가? … 119

3장 문자와 식

1. 산수와 수학의 차이점은 무엇인가? … 126
2. 문자를 사용하면 편리해지는 수학 … 136
3. 수학의 기호는 사고의 낭비를 막아준다 … 144
4. 연립방정식의 의미를 알아보자 … 151

4장 확률과 통계 및 기타

1. 두 수를 비교하는 방법으로서의 비율 … 160
2. 집합과 무한의 관계를 알아보자 … 166
3. 수학적 확률과 통계적 확률의 차이점 … 173
4. 통계는 사람을 속일 수 있다 … 179

1장 수와 연산

1 수와 숫자란 무엇인가?
2 숫자의 기원
3 너무나도 어려웠던 (사칙연산) 계산법
4 자연수에서 더할 수 있는 것과 더할 수 없는 것
5 곱셈의 원리를 알면 문장제가 쉬워진다
6 0으로 나누면 안 되는 이유는 무엇인가?
7 음수의 개념을 알아보자
8 소수(prime number)의 매력은 무엇인가?

1. 수와 숫자란 무엇인가?

오늘은 수와 숫자에 대해서 공부해 보려고 합니다. 우리는 일상생활 속에서 수와 숫자를 많이 사용하고 있으면서도 정작 '수란 무엇이지?' 그리고 '숫자란 무엇일까?' 라고 물어보면 말문이 막히고 맙니다. 그렇다면 이렇게 우리의 생활과 떼려야 뗄 수 없는 관계에 있는 '수와 숫자' 란 정말 무엇일까요?

정환 : 수란 '일, 이, 삼, …' 이라고 부르는 것이 아닐까요?
지현 : 그렇지만 영어로는 '원, 투, 쓰리, …' 라고 부르잖아.
한들 : 맞아, 중국어로는 '이, 얼, 싼, …' 이라고 부르고 말이야.

그렇습니다. 세계 여러 나라의 말이 각각 다르듯이 수의 이름도 나라마다 다릅니다. 이것을 명수법(命數法)이라고 합니다. 말하자면, 명수법이란 수를 말로 나타내는 것입니다.

정환 : 그렇다면, 모든 나라가 공통으로 사용하고 있는 '1, 2, 3, …'
은 무엇인가요?

우리가 사용하는 '1, 2, 3, …'은 수를 기호로 나타낸 것입니다. 이것을 기수법(記數法)이라고 하는데, 세계 여러 나라의 기수법을 지금의 아라비아 숫자 즉, 인도-아라비아 식 기수법을 쓰기 전까지는 자기 나라의 언어와는 상관없이 몇 가지 원리로 만들어 썼습니다.

지현 : 어떤 원리로 만들어 썼는지 궁금해요.

먼저 기수법 중에서 가장 원시적인 것이 덧셈의 원리에 의한 기수법이고, 덧셈을 이용한 기수법 중 대표적인 것이 로마 기수법입니다. 그럼 로마의 숫자를 살펴볼까요?

I	II	III	IV	V	VI	…
(1)	(2)	(3)	(4)	(5)	(6)	
X	XV	XX	XXV	…		
(10)	(15)	(20)	(25)			
L	LI	…	C	CC	CCC	…
(50)	(51)		(100)	(200)	(300)	

이처럼 로마의 숫자는 기본 숫자를 더하는 방식으로 여러 수를 나타내고 있습니다.

예를 들어 323을 로마 기수법으로 나타내면 다음과 같습니다.

323 : CCCXXⅢ (100+100+100+10+10+1+1+1)

지현 : 그러니까, 323은 백이 셋, 십이 둘, 일이 세 개 더해진 형태를 띠는 거군요.

   그래요, 맞습니다.

한들 : 또 다른 원리로 숫자를 만든 나라도 있나요?

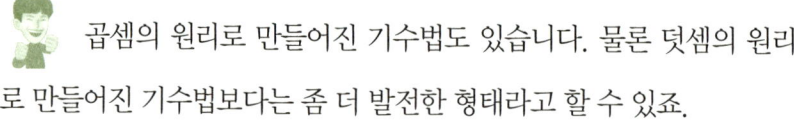 곱셈의 원리로 만들어진 기수법도 있습니다. 물론 덧셈의 원리로 만들어진 기수법보다는 좀 더 발전한 형태라고 할 수 있죠.

정환 : 어떤 나라의 숫자인가요?

   이제부터 중국의 숫자를 살펴볼까요.

一	二	三	四	五	六	七	八	九	十	百	千	萬
(1)	(2)	(3)	(4)	(5)	(6)	(7)	(8)	(9)	(10)	(100)	(1000)	(10000)

중국 숫자의 기본 숫자는 一(1), 十(10), 百(100), 千(1000), …입니다. 그리고 이러한 기본 숫자를 이용하여 5430을 중국의 숫자로 나타내면

$$五千四百三十 : (5 \times 1000)+(4 \times 100)+(3 \times 10)$$

과 같은데 이것은 이들 기본 숫자의 몇 배라는 형식을 취한 것입니다. 다시 말해 千의 5배와 百의 4배와 十의 3배가 있다는 뜻입니다.

지현 : 아하! 그러니까 五×千, 四×百, 三×十에서 곱셈 기호 ×를 생략한 것이 곧 五千四百三十이군요.

그렇습니다. 그래서 이러한 숫자를 곱셈의 원리에 의한 기수법 이라고 하는 것입니다.

한들 : 그런데 선생님! 중국의 숫자는 정확히 말하면 곱셈의 원리로 만들어진 기수법과 덧셈의 원리로 만들어진 기수법이 합해진 것이 아닐까요?

정환 : 아니, 왜?

한들 : 五千四百三十에서 곱셈 기호만 생략된 것이 아니고, 덧셈 기

호도 생략된 것이라고 생각되거든.

정환 : 덧셈 기호도 생략되어 있다고? 덧셈 기호가 생략된 부분이 어디 있지? 아하! 五千(+)四百(+)三十 즉, 五千과 四百과 三十 사이에 덧셈 기호가 생략된 것이구나.

그래요, 맞습니다. 중국의 숫자는 정확히 말하자면 곱셈과 덧셈의 원리가 합쳐진 기수법입니다. 그렇다면 五千四百三十을 로마식 기수법으로 나타내면 어떻게 될까요?

지현 : 千千千千千百百百百十十十으로 나타내면 되죠.

그렇지요. 이런 점에서 중국의 기수법이 로마의 기수법보다는 좀 더 편리하다는 것을 알 수 있습니다. 그러나 이 두 나라의 기수법을 현재의 아라비아 기수법과 비교할 때 공통점이 나타납니다. 아라비아 숫자로 나타낸 수는 그 수가 어느 위치에 있느냐에 따라서 그 크기가 달라지지만, 중국의 기수법과 로마의 기수법으로 나타내어진 수는 자리가 어디에 있건 언제나 같은 크기를 나타낸다는 점입니다.

가령 인도-아라비아 숫자 5555(오천오백오십오)는

① ② ③ ④

5 5 5 5

의 ①번 자리에 있는 5는 천의 자리에 있기 때문에 5000을 나타내지만 ②번 자리에 있는 5는 백의 자리에 있기 때문에 500을 나타내고, ③번 자리에 있는 5는 50을, ④번 자리에 있는 5는 5를 뜻하게 됩니다.

그러나 로마 숫자의 'C'나 중국 숫자의 '百'은 어디에 있던지 100을 나타냅니다.

정환 : 아하! 그래서 우리가 사용하고 있는 아라비아 숫자를 놓인 위치에 따라 수의 크기가 달라진다 하여 '위치적 기수법'이라고 부르는 것이군요.

그렇습니다. 우리는 지금까지 수를 부르는 방법과 수를 쓰는 방법에 대해서 알아보았습니다. 그럼 다시 처음으로 돌아가 과연 수란 무엇인가를 알아보도록 하겠습니다. 사실 수의 성질을 정확히 아는 일이 그리 쉬운 일만은 아닙니다. 따라서 수학을 전문적으로 공부하는 사람들 외에 대부분의 사람은 수에 대하여 잘못된 개념과 터무니없는 오해를 하는 것이 사실입니다.

이렇게 어려운 수의 성질에 대한 연구는 2천 년 이상이나 계속됐고 이러한 노력의 결과로 다음과 같은 결론을 이끌어 낼 수 있었던 것입니다. 즉, 수의 세계는 독특한 규칙에 따라서 펼쳐지는 '그림자'와 같은 기호의 세계이며, 실험을 할 수 있는 물질적 대상도 아니며, 관찰을 통해 알 수 있는 현실의 세계도 아닙니다.

이러한 수의 독특한 성질을 좀 더 쉽게 이해할 수 있도록 두 가지로 나누어 설명해 보겠습니다.

첫째, 수는 한낱 기호에 불과하지만 쓰임새가 아주 많은 기호라는 것입니다.

수는 사물도 아니고 사물의 특별한 성질을 나타내는 것도 아닙니다. 따라서 수는 사물의 색깔이나 모양, 크기 같은 것과는 아무런 상관이 없습니다. 그러면서도 사물과 관련지어지는 편리한 기호입니다. 예를 들어 어떤 사람이 마트에서 쓰레기통을 살 때 큰 쓰레기통을 사든, 작은 쓰레기통을 사든, 또 파란색을 사든, 초록색을 사든 계산대에 앉아 있는 사람은 쓰레기통의 숫자와 가격표만을 보고 계산기를 두드리기만 하면 되는 편리한 기호에 불과한 것입니다.

둘째, 수를 사용하여 더하기, 빼기, 곱하기, 나누기 등을 할 수 있습니다. 즉, 연산을 할 수 있다는 것입니다.

이것은 너무나도 뻔한 이야기 같지만 여기서 조심할 것은 연산은 수 사이에서만 이루어진다는 것입니다. 물건끼리 더하거나 빼거나 곱하거나 나눌 수 없다는 사실입니다.

생선가게 주인이 생선을 가지고 더하거나 빼는 것이 아니라, 생선과 관련된 마릿수나 가격을 가지고 셈을 하는 것입니다.

한들 : 선생님! 수란 볼 수도 만질 수도 없는 기호에 불과하지만 연산이라는 약속 위에서 활발하게 활동하는 생명을 지닌 존재와 같다는 말씀이지요.

그렇지요. 수란 사람이 만든 기호입니다. 즉, 사고의 산물인 추상의 세계이지요. 그러나 이러한 가공의 세계인 수는 현실 세계에서 너무나도 편리하게 사용되고 있답니다.

정환 : 그러니까 수란 우리의 눈으로 볼 수도 손으로 만질 수도 없지만 우리가 사는 현실 세계와는 떼려야 뗄 수 없는 관계를 맺고 있다는 것이군요.

수란 실제로 아무런 모습도 갖고 있지 않지만 '숫자' 란 모습으로 우리의 생활에 여러 가지로 편리함을 주는 신비한 존재이지요. 그럼 예를 들어 숫자 '5' 를 보는 순간 여러분의 머리 속에 떠오르는 것을 말해보세요.

정환 : 저는 숫자 4보다 1 큰 수라는 생각이 드는데요.
지현 : 저는 10의 반이라는 생각이 들어요.
한들 : 저는 자동차 다섯 대가 생각납니다.

경민 : 저는 자장면 다섯 그릇이 제일 먼저 생각나는데요.

학생들 : 하하하 ~

　　이처럼 숫자 '5'에 대하여 각자가 가지는 느낌이 모두 다를 수 있습니다. 즉, 숫자 '5'에 대하여 각자가 가지는 느낌이나 개념을 '수'라고 합니다. 그리고 '4보다 1 큰 수', '10의 반', '자동차 다섯 대', '자장면 다섯 그릇'에서 공통의 개념인 '다섯'을 '5'라고 표현한 기호가 숫자입니다. 그러니까 수라는 개념이 먼저 생겨나고 나서 이것을 표현하는 숫자가 만들어진 것입니다.

2. 숫자의 기원

지난 시간에는 '수와 숫자는 어떤 차이가 있을까?'에 대해서 알아보았습니다. 그리고 나라마다 숫자를 부르는 방법과 쓰는 방법의 차이에 대해서도 공부했고요.

그럼, 이번 시간에는 로마 숫자와 인도-아라비아 숫자를 중심으로 숫자가 만들어지는 과정에 대해 공부해 보도록 하겠습니다.

정환 : 선생님, 저도 우리가 사용하는 숫자가 어떻게 생겨났는지 궁금했어요.

지현 : 저는 숫자는 누군가가 정해서 모두 사용하도록 약속한 것으로 생각되는데요.

그럼 지금부터 숫자의 기원에 대해 이야기해 보도록 하겠습니다. 아주 오랜 옛날, 인간이 점차 수의 개념에 대해 알게 되면서 이것을 문자나 기호로 나타내고 싶다는 생각을 하게 되었습니다.

　처음에는 돌멩이를 이용하는 방법도 있었지만, 모두가 쉽게 알 수 있도록 다음과 같이 나뭇가지를 나란히 놓거나 나무줄기에 흠집을 내서 기록하는 방법을 사용하기 시작했습니다.

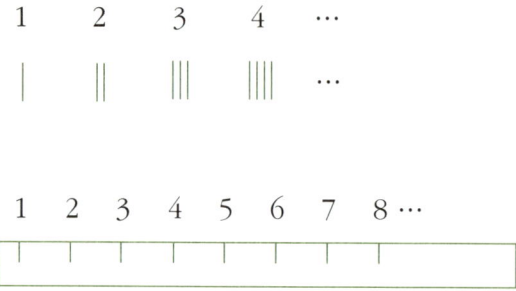

한들 : 선생님, 그런데 이러한 방법은 작은 숫자를 표현하는 방법으로는 괜찮지만 숫자가 커지면 표시하기도 어렵고 또 표시한 숫자를 쉽게 알아보기도 어려울 것 같은데요.

　맞습니다. 이 방법은 3이나 4처럼 간단한 숫자라면 상관없지만 좀 더 큰 숫자를 표시하는 데는 불편이 따랐습니다. 그래서 사람들은 큰 숫자를 좀 더 간단히 표시하는 방법을 생각하게 되었습니다. 예를 들어 1, 2, 3, 4까지는 위와 똑같이 표시하지만 5를 표시할 때는 대각선 (/)을 그어서 표시하고 6 이상의 숫자에 대해서는 5의 기호에 1에서 4

까지의 기호를 써서 다음과 같이 표시했습니다.

지현 : 그렇지만 이러한 방법도 8이나 9까지는 쉽게 사용할 수 있지만 이보다 큰 숫자를 표시하는 데는 불편했을 것 같은데요?

그래요, 그래서 10을 표시할 때는 대각선 (/)을 교차시켜서 X로 표시하고, 10보다 큰 숫자는 10의 기호에 1부터 4까지의 기호로 표시하게 되었습니다.

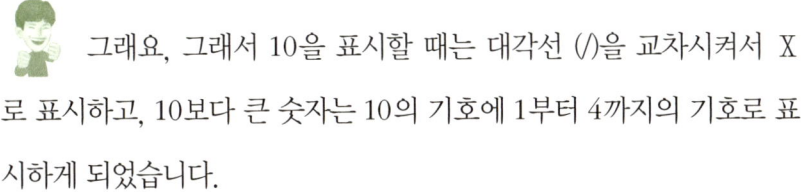

정환 : 아하~. 그러면 숫자를 표시하는 방법 중 로마 숫자는 위와 같은 방법으로 숫자를 세워서 표시한 거군요.

지현 : 그리고 로마 숫자는 옛날 시계의 문자판 등에 쓰여 있는 것을 보았어요.

한들 : 요즈음 시계에서도 가끔 사용하는 것 같던데요.

그렇습니다. 로마의 숫자는 보기에 예뻐서 어떤 물건을 품위 있게 보이게 하려는 곳에 사용하곤 합니다.

정환 : 그러면 현재 모든 나라의 사람들이 사용하는 1, 2, 3, 4, 5, 6, 7, 8, 9, 0이라는 숫자는 누가 생각해 낸 것일까요?

 사실 그 기원은 인도입니다. 인도에서도 처음에는 다음과 같이 작대기를 놓는 방식으로 숫자를 표현했으리라 생각됩니다.

이러던 것이 조금씩 변해서 지금 사용하는 숫자가 되었을 거라고 추측됩니다.

지현 : 이러한 숫자가 인도에서 만들어졌는데 왜 아라비아 숫자라고 부르나요?

 지금부터 1300여 년 전에 인도에서 시작된 숫자와 계산이 아라비아로 전해졌는데, 아라비아 상인들이 이 인도 숫자와 계산을 유럽으로 전파하면서 유럽 사람들이 아라비아 숫자로 착각한 데 그 이유가 있습니다.

한들 : 그렇다면 인도로서는 좀 억울하겠는데요.

그렇죠. 그래서 요즈음은 인도-아라비아 수라고 부르곤 한답니다. 아무튼, 그 무렵 유럽에서는 로마에서 전해진 로마 숫자를 사용하고 있었는데, 이 숫자는 쓰는 데 약간의 불편함이 있었고 계산을 하기에는 더 많이 불편했기 때문에 유럽 사람들은 빠른 속도로 아라비아에서 전해진 숫자를 사용하게 되었던 것입니다.

정환 : 상식적으로 생각해 보면 '인도 숫자' 라고 부르는 게 맞는데, 그 동안 '아라비아 숫자' 라고 불렀던 거군요.

이러한 인도-아라비아 숫자도 처음부터 현재 우리가 사용하는 모양은 아니었고, 오랜 세월에 걸쳐 여러 모로 변형되었던 것입니다. 다음의 숫자들은 인도-아라비아 숫자가 변해 온 과정을 보여 주는 일부라고 할 수 있습니다.

인도 신성 숫자 (950년경)	ƨ	ƺ	ʒ	8	੪	Ɛ	ϵ	ᴼ	ζ	
사라센 숫자 (1100년경)	1	ƭ	ʒ	ℓ	ƴ	6	7	8	9	
유럽 (1335년경)	1	7	3	ʒ	ʡ	G	∧	8	ʡ	
유럽 (1400년경)	1	Z	3	8	4	6	7	8	9	
유럽 (1480년경)	1	2	3	ʒ	ʡ	6	∧	8	ʡ	

▲ 인도-아라비아 숫자의 변천 과정

지현 : 선생님, 중국의 숫자도 작대기를 놓거나 나무줄기에 흠집을 내서 기록하는 방법을 사용하였나요?

중국의 숫자는 로마의 숫자나 인도-아라비아 숫자와는 조금 다른 방식으로 만들어졌습니다. 한자 一, 二, 三은 앞서 말한 나무에 새겨 넣는 방식과 같은 것이지만, 四는 사각형의 테두리 선을 나타내며, 五는 작대기 다섯 개를 합친 것이며 十은 로마 숫자의 X와 같은 방식으로 만들어졌다고 추측할 수 있습니다. 하지만 옛날 일이라서 정확하지 않습니다.

지현 : 현재 세상 사람들이 숫자를 사용해서 아주 편리하게 살고 있는데, 이것이 모두 숫자를 만들기 위해 오랜 시간 노력한 사람들의 덕분이라는 것을 알게 되었습니다.

3. 너무나도 어려웠던 (사칙연산) 계산법

우리가 수학 시간에 배우는 계산법은 필산입니다. 필산이란 필기도구를 사용하여 숫자를 종이 위에 써서 하는 계산 방법을 말합니다.

정환 : 그렇다면 필산 이외의 다른 방법들이 많이 있나요?

물론 요즈음은 전자계산기나 컴퓨터를 사용하여 엄청나게 큰 수의 계산이나 복잡한 계산을 쉽게 하고 있습니다.

지현 : 그럼 옛날에는 필산으로 하는 방법 말고 다른 방법을 사용했단 말씀인가요?

몇 백 년 전까지만 해도 숫자를 써서 계산하는 것이 당연한 일이 아니었습니다. 왜냐하면 인도-아라비아 숫자를 전 세계적으로 사용하게 된 것이 기껏해야 약 500년밖에 되지 않았기 때문입니다. 그리고 그 이전에 사용되었던 각 나라의 숫자들은 기록을 하거나 간단하게 사용하기에는 큰 불편이 없었으나 계산하기에는 적합한 모양새가 아니었습니다.

한들 : 그렇다면 인도-아라비아 숫자를 사용하기 이전에는 어떻게 계산을 한 것일까요?

옛날 사람들은 숫자가 아닌 도구를 사용하여 계산했다고 합니다. 예를 들어 수판이나 산가지 그리고 곱셈 막대 같은 도구를 고안해 내어 사용했던 것입니다. 그런데 이러한 도구를 사용하여 계산하게 되면 경우에 따라서는 상당히 복잡한 과정을 거쳐야만 했습니다.

경민 : 그래서 유럽에서는 복잡한 계산을 해 주고 돈을 받는 직업 계산가들이 있었다면서요?

그래요. 오늘날 우리가 간단히 계산해 낼 수 있는 곱셈과 나눗셈도 이러한 도구를 사용하여 계산하면 몇 시간이나 걸리는 복잡하고 귀찮은 과정을 거쳐야 했답니다.

정환 : 직업 계산가가 있을 정도였다면 그 당시의 계산 기술이 얼마나 어려웠는지 짐작할 수 있을 것 같아요.

그렇지요. 그 당시의 유럽의 직업 계산가들은 주로 수판셈으로 계산하고 있었는데 1202년에 인도-아라비아 숫자의 필산법이 수학자 피보나치에 의해 소개되면서 직업 계산가들은 자신들의 직업에 위기의식을 느끼게 된 것입니다.

13세기 유럽에는 덧셈, 뺄셈, 곱셈, 나눗셈 등의 계산을 전문적으로 해주는 일이 직업인 사람들이 있었습니다. 그런데 이 계산가들의 직업 자체를 위협하는 사건이 있었습니다. 이탈리아의 수학자 피보나치가 아랍으로부터 배워 온 인도-아라비아 숫자를 이용한 새로운 계산법이 담긴 《산반서》라는 책을 출판했던 것입니다. 이 책에는 오늘날 우리가 사용하는 인도-아라비아 숫자와 그 계산법이 소개되어 있었는데, 그 당시 직업 계산가들이 수판셈으로 계산하는 방법보다 훨씬 간단하고 쉬운 방법이었습니다.

지현 : 그렇다면 그 당시의 직업 계산가들은 피보나치가 소개한 계산법이 사람들 사이에 퍼지는 것을 원하지 않았겠는걸요.

한들 : 그리고 그 당시 유럽은 기독교가 정치와 문화를 다스리던 시기였기 때문에 이 계산법이 이슬람교를 믿는 아라비아에서 왔

다는 사실에 자존심이 상하기도 했겠어요.

 그래요, 맞습니다. 그 당시에 세력을 잡고 있던 집권층 사이에서는 아라비아 식 계산법이 유럽에서 판치는 꼴을 그냥 두고 볼 수는 없었겠지요. 그래서 어떠한 방법을 사용해서라도 아라비아 식 계산법이 사람들 사이에 퍼지는 것을 막아보려고 노력했을 것입니다.

경민 : 그래서 결국은 어떻게 되었나요?

 당시의 종교 지도자들이 피보나치와 그의 제자들에게 어떠한

벌을 내렸다거나 압박을 가했는지는 정확히 알 수는 없습니다. 그러나 종교 지도자들과 집권층의 저항은 매우 컸으리라고 짐작됩니다.

정환 : 그렇지만 결국은 인도-아라비아 계산법을 사용하게 된 것이 잖아요?

그렇지요. 하지만 유럽에서는 옛날부터 내려오던 자신들의 낡은 계산 방식을 끝까지 고집했던 사람들과 종교적인 이유 때문에 이슬람권의 계산 방식을 거부했던 사람들이 합세를 해서 새로운 계산법을 지지하는 사람들을 억압하며 새로운 계산법이 사람들 사이에 퍼져나가지 못하도록 하였습니다. 그리하여 1202년 피보나치에 의해 소개되었던 인도-아라비아 계산법이 400여 년이라는 긴 세월 동안 완전하게 인정받지 못했던 것입니다. 그러나 16세기에 이르러서 유럽의 낡은 계산법은 서서히 자취를 감추기 시작했고 숫자를 적어서 계산하는 필산법이 모든 사람들 사이에서 사용되기 시작했습니다.

4. 자연수에서 더할 수 있는 것과 더할 수 없는 것

 이번 시간에는 먼저 자연수에 대해 생각해 보도록 합시다. 그럼, 자연수는 0부터 시작할까요? 아니면 1부터 시작할까요?

정환 : 저는 0부터 시작한다고 생각합니다.
지현 : 아니에요. 1부터 시작하는 게 확실합니다.

자연수가 0부터 시작하는지 1부터 시작하는지 혼동을 하는 사람들이 많은데, 지현이의 의견처럼 자연수는 1부터 시작합니다. 그런데 학생들은 자연수가 왜 1부터 시작하는지에 대한 이해가 없었기 때문에 이 부분에서 혼동을 일으키곤 하지요. 다음의 이야기는 자연수가 왜 1부터 시작하는지를 잘 보여 줄 것입니다.

옛날 아주 먼 옛날 원시시대에 똘이와 아빠가 함께 살고 있었습니다.

오늘은 마침 똘이의 생일이라서 아빠는 똘이에게 맛있는 생일 음식을 차려주기 위해 사냥을 나섰습니다. 그런데 이날따라 바람이 심하게 불고 천둥과 번개가 치면서 비가 내리기 시작했습니다. 똘이 아빠는 온 힘을 다해서 사냥감을 찾아다녔지만 동물들은 한 마리도 보이지 않았습니다. 벌써 날은 저물기 시작했고 똘이 아빠는 할 수 없이 그대로 발걸음을 돌려야 했습니다. 아빠가 돌아오기를 눈이 빠지게 기다리던 똘이의 눈에 멀리서 걸어오는 아빠의 모습이 보였습니다. 똘이는 아빠에게 단숨에 달려가 이렇게 물어보았습니다.

"아빠, 아빠! 오늘 몇 마리 잡으셨어요?"

과연 똘이 아빠는 어떻게 대답을 했을까요?
여러분이 똘이 아빠라면 어떻게 대답했겠습니까?

첫 번째 대답 : 어, 오늘은 영 마리 잡았단다.
두 번째 대답 : 어, 오늘은 한 마리도 못 잡았단다.

두 번째 대답과 같이 하는 것이 자연스럽다고요? 그렇습니다. 이처럼 자연수는 말 그대로 '자연스럽게 나오는 수' 또는 '자연스러운 수'라는 의미가 담겨 있습니다. 실제로 우리들의 일상생활 속에서도 자연수가 1부터 시작된다는 사실들은 곳곳에서 발견할 수 있습니다. 예를 들어 '돈이 한 푼도 없다.' 라든지 '하나도 모르겠다.' 라는 식의 말 속에는 우리의 생각 속에 자연스럽게 시작되는 숫자가 1(일)이라는 사실을 증명하는 것입니다.

사실 수학은 단순히 계산만 하는 것이 아니란 것은 모두 잘 알고 있을 거예요. 그리고 수학을 공부하는 진정한 목적은 심오한 수의 세계와 철학과 만나는 것이라는 것도요. 그럼, 지금부터 선생님이 제시하는 문제를 풀어 볼까요?

1 + 2 + 3 + 4 + 5 + 6 + 7 + 8 + 9 + 10은 얼마입니까?

정환 : 다 더하면 55가 됩니다.

지현 : 저도 55라고 생각합니다. 유명한 수학자 가우스가 했던 방법을 사용하면 쉽게 답을 구할 수 있습니다. 즉, 11이 다섯 개 있으므로 11×5=55입니다.

1 + 2 + 3 + 4 + 5 + 6 + 7 + 8 + 9 + 10

잘했습니다. 그럼, 이번에는 각 숫자에 다른 단위를 붙인 덧셈을 해 보세요. 그리고 답이 무엇인지 각자 생각해 보세요.

> 사과 1개 + 설탕 2스푼 + 콜라 3병 + 고등어 4마리 + 운동화 5켤레 + 동화책 6권 + 버스 7대 + 수건 8장 + 검정콩 9알 + 어린이 10명

자, 여러분은 이 덧셈의 답에 어떤 단위를 붙이고 싶으세요? 다시 말해 55에 어떤 단위를 붙여야 할까요?

한들 : 55개, 스푼, 병, 마리, 켤레, 권, 대, 장, 알, 명이라고 해야 하나?

경민 : 아닐 거야!

정환 : 이건 덧셈을 할 수 없는 거 아닐까?

지현 : 그래, 덧셈을 할 수 없는 거야. 그렇지 않은가요, 선생님?

그렇습니다. 같은 종류의 숫자가 아니면 덧셈을 할 수 없는 거예요. 같은 종류 즉, 똑같은 단위가 붙어 있는 양이어야만 서로 더할 수 있는 것입니다. 따라서 앞의 덧셈 문제에 대해서는 '더할 수 없다.' 라고 하던지 위의 것들을 모두 차례로 나열하면서 '사과 1개와 설탕 2스

푼과 콜라 3병과 고등어 4마리와 운동화 5켤레와 동화책 6권과 버스 7대와 수건 8장과 검정콩 9알과 어린이 10명이 있습니다.' 라고 대답하면 될 것입니다.

정환 : 그렇다면 덧셈 속에는 이미 같은 종류의 양만을 더할 수 있다는 양의 개념이 들어 있는 셈이군요.

그렇지요. 예를 들어 3kg + 7m와 같이 서로 다른 종류의 양을 더하는 것은 불가능하다고 대부분의 학생들은 알고 있습니다. 또 다른 예를 들어 보겠습니다.

다음과 같이 넓이 20cm²와 부피 20cm³를 더할 수 있나요?

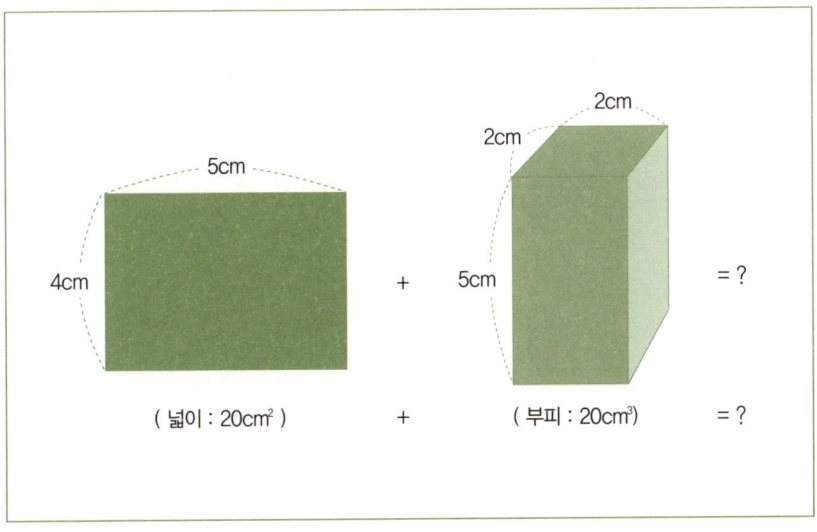

지현 : 넓이와 부피는 그 단위가 제곱과 세제곱으로 달라서 더할 수 없어요.

그렇습니다. 이제까지 뭐든지 무조건 덧셈을 할 수 있다는 생각은 잘못된 것이라는 걸 알았습니다. 그럼, 지금부터는 덧셈의 두 가지 의미와 뺄셈의 두 가지 의미에 대하여 생각해 보겠습니다.

먼저 '3+4'를 가지고 2가지 문제를 만들어 보겠습니다. 그리고 이 두 개의 문제에 각각 어떤 차이점이 있는지 생각해 보세요.

> (문제1) 우리 분단에는 남학생 3명과 여학생 4명이 있습니다. 우리 분단의 학생 수는 모두 몇 명입니까?

> (문제2) 전깃줄에 참새가 3마리 앉아 있습니다. 그런데 잠시 후 4마리가 더 날아와 앉았습니다. 전깃줄에는 참새가 모두 몇 마리 있습니까?

한들 : 첫 번째 문제는 남학생 3명과 여학생 4명을 같은 시간에 동시에 더한 듯한 느낌이 드는데요.

경민 : 그리고 두 번째 문제는 참새 3마리가 먼저 전깃줄에 앉아 있

는데, 나중에 4마리가 추가로 날아온 것으로 생각됩니다.

그렇습니다. 덧셈에는 2가지 의미가 있는데 그 중 하나가 '3과 4를 동시에 합하면 7이 된다.'라는 동시 합병의 의미가 있고, 두 번째로 '3에 4를 더하면 7이 된다.'라는 첨가나 추가의 의미가 있습니다.

그럼 이번에는 '5-3'으로 2가지의 문제를 만들어 보겠습니다. 그리고 또 이 두 개의 문제에 각각 어떤 차이점이 있는지 생각해 보세요.

(문제1) 우리 수학 연구 모둠의 인원은 5명입니다. 그런데 3명이 오늘 모임에 나오지 않았습니다. 모임에 나온 사람은 몇 명입니까?

(문제2) 5반의 수학 연구 모둠의 인원은 5명입니다. 그리고 3반의 수학 연구 모둠의 인원은 3명입니다. 어느 반의 수학 연구 모둠이 얼마나 많습니까?

정환 : 첫 번째 문제는 전체 5명 중에서 3명을 뺀 나머지를 구하는 문제로 생각되는 되요.

지현 : 두 번째 문제는 두 수학 연구 모둠의 인원수의 차를 구하는 문제인 것 같아요.

그렇습니다. 뺄셈식도 덧셈식처럼 두 가지로 그 의미를 생각해 볼 수 있는데 그 중에 하나가 전체 중에서 얼마를 덜어 냈을 때의 '남는 것'을 구하는 의미이고, 또 다른 하나는 두 모임의 수의 '차이'를 구하는 의미를 지닌 거예요. 이와 같은 '차이'의 의미는 중학교에서 배우는 절댓값의 의미로 사용되기도 합니다.

5. 곱셈의 원리를 알면 문장제가 쉬워진다

이번 시간에는 초등학교부터 고등학교까지의 수학에서 한결같이 나오는 개념에 대해서 공부해 보겠습니다.

정환 : 초등학교부터 고등학교까지 같은 의미로 지속적으로 사용되는 개념이 정말 있나요?

예, 있습니다. 그것이 바로 초등학교 2학년 때 배우는 '곱셈' 입니다. 그런데 곱셈처럼 일상생활에서 사실을 유추하거나 계산을 예측할 때, 우리에게 도움을 주는 것도 없습니다. 간단한 예를 들어 보면, 가지고 있는 돈이 5000원인데 사고자 하는 물건 하나의 가격이 700원일 경우 간편하게 곱셈을 적용하여 7개까지 살 수 있다고 판단하는 경우가 모두 곱셈을 이용한 예가 됩니다.

지현 : 그러니까 이러한 계산을 덧셈이나 뺄셈을 사용해서 계산한다면 많은 시간과 사고의 낭비를 겪게 될 것이란 말씀이지요?

 그렇지요. 그런데 우리가 이렇게 유용하게 사용하는 곱셈에는 어떤 의미가 있을까요?

한들 : 저는 곱셈의 의미는 같은 수를 반복해서 더하는 것으로 알고 있어요. 예를 들어 5 + 5 + 5 + 5를 5×4로 나타내듯이 말이예요.

그래요. 한들이의 말처럼 곱셈이 같은 수를 계속해서 더하는 의미도 있습니다. 이것을 동수누가라고 합니다. 즉, 2×3=6이라는 계산식을 다음과 같은 문장제 문제로 나타내면 동수누가의 의미가 되는 것입니다.

> 첫째 날 사탕을 2개 받았다. 다음 날 또 2개를 받았다. 그 다음 날도 사탕을 2개 받았다. 3일 동안 받은 사탕은 모두 몇 개일까요?

그런데 동수누가의 의미는 자연수의 곱셈에서는 사용이 가능한데 분수나 소수의 곱셈에서는 사용할 수가 없습니다. 왜냐하면 $\frac{1}{2} \times \frac{1}{3}$ 의 경우 $\frac{1}{2}$ 을 $\frac{1}{3}$ 번 계속 더할 수가 없으며, 0.5×0.7의 경우 0.5를 0.7번 계속 더할 수가 없기 때문입니다. 자, 그럼 곱셈의 의미는 동수누가의 의미밖에 없을까요? 다른 방식으로 사용되는 것은 없나요?

경민 : 선생님, 저는 '배'의 의미도 있다고 봅니다. 예를 들어 내가 가지고 있는 돈이 4500원인데 정환이가 1500원을 가지고 있다면 내가 가지고 있는 돈이 정환이가 가지고 있는 돈의 3배가 되니까요.

그렇습니다. '2의 3배는 얼마인가?' 와 같은 문제는 2×3의 곱셈으로 풀이할 수 있는 거죠. 그런데 '배의 방식'은 나눗셈의 역연산이므로 이 방식은 학생이 나눗셈을 배우지 않았다면 사용하기 어렵다는 단점이 있습니다.

곱셈의 또 다른 의미는 없을까요? 이제 곱셈의 세 번째 의미를 찾아볼까요?

정환 : 평면도형의 넓이나 입체도형의 부피를 구할 때도 곱셈을 사용해요. 예를 들어 가로 4cm, 세로 5cm인 직사각형의 넓이를 구할 때 $4 \times 5 = 20(cm^2)$와 같은 방식으로 계산해요.

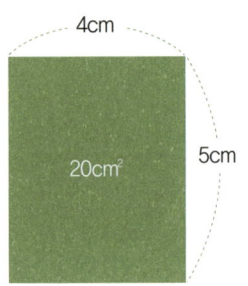

그렇죠. 가로와 세로의 길이가 1cm인 즉, 넓이가 $1cm^2$인 단위넓이가 가로로 4개, 세로로 5개가 있으니 모두 20개가 있다는 의미입니다.

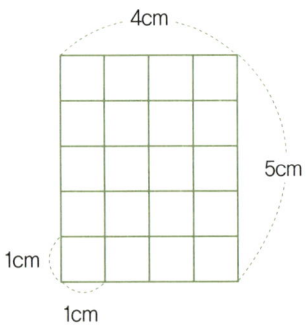

자, 이제 곱셈의 의미 중에서 가장 중요한 것이 하나 남아 있습니다. 과연 이것이 무엇일까요?

지현 : 선생님, 예를 하나 들어주세요.

한들 : 그래요. 선생님께서 문장제 문제를 하나 제시해 주시면 이 문제가 어떤 방식으로 사용되었는지 맞추어 볼게요.

 좋습니다. 그럼 선생님이 문장제 문제를 하나 제시하겠습니다.

> 한 사람당 사탕을 2개씩 주려고 합니다. 모두 세 사람이 있다면 몇 개의 사탕이 필요할까요?

경민 : 선생님, '한 사람당 사탕을 2개씩 준다.' 라는 것은 한 사람이 사탕을 2개씩 갖는다는 의미와 같은 것이죠?

 그렇습니다.

정환 : 그렇다고 사탕이 2개만 필요한 건 아니잖아요.

지현 : '한 사람당' 이라고 했기 때문에 전체 사탕의 수는 몇 사람에게 주느냐에 달려 있는 것 같은데요?

한들 : 그러니까 필요한 사탕의 개수는 '한 사람당 몇 개씩' × '사람 수' 로 구하면 될 것 같은데요.

그렇습니다. 이렇게 '한 사람당 사탕이 2개'란 말은 한 사람의 몫이 사탕 2개란 의미로 '한 몫의 개수'라고 할 수 있습니다. 그리고 여기서는 세 사람의 몫이 필요하므로 (한 몫의 개수) × (몫의 수) 즉, '곱하여지는 수 (2) × 곱하는 수 (3)'으로 식을 세울 수 있습니다.

경민 : 선생님, 잘 이해가 안 돼요. 다른 문제를 한 번 더 살펴보면 어떨까요?

정환 : 선생님, 제가 문제를 만들어 볼게요.

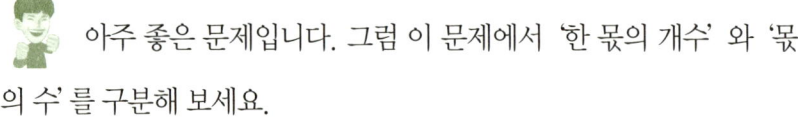

이런 문제는 어떤가요?

아주 좋은 문제입니다. 그럼 이 문제에서 '한 몫의 개수'와 '몫의 수'를 구분해 보세요.

지현 : '한 몫의 개수'는 세 발 자전거이기 때문에 자전거 한 대당 바퀴가 세 개 있다는 것이네요.

그래요. 정확하게 판단했습니다. 그럼 '몫의 수'는 무엇일까요?

지현 : '몫의 수'는 다섯 대에 해당되요. 따라서 이 문제는 (한 몫의 개수) × (몫의 수) = (전체의 수)이므로 3(한 대당 바퀴 수) × 5(다섯 대) = 15(전체 바퀴 수)가 되요.

 맞습니다. 자, 그럼 지금부터는 이러한 곱셈의 방식을 이용하여 문장제 문제를 자신 있게 풀어 봅시다.

> (문제1) 탁구공이 30개 있습니다. 한 상자에 6개씩 담아서 정리하려고 합니다. 상자는 모두 몇 개가 필요합니까?

(문제1)에서 주어진 것은 무엇이고 구하려는 것은 무엇일까요?

한들 : 주어진 것은 전체 탁구공의 수와 한 몫의 개수예요.
경민 : 위 문제를 풀어 보면

　　　　6(개)　　×　　□(상자) = 30(개)
　　(한 몫의 개수)　　(몫의 수)　(전체의 수)

이므로 상자는 모두 5개가 필요하다는 것을 알 수 있어요.

그럼, 다음 문제들도 풀어 보세요.

(문제2) 물건 바꾸어 쓰기 행사를 위해 한 반에서 물건 29개씩을 모았습니다. 세 반에서 모은 물건은 모두 몇 개입니까?

29(개) × 3(반) = 87(개)
(한 묶음의 개수) × (묶음의 수) (전체의 수)

(문제3) 소리는 1초 동안에 공기 중에서 0.34km를 간다고 합니다. 번개를 보고 나서 6.5초 후에 천둥소리를 들었다면 소리를 들은 곳은 번개 친 곳에서 몇 km 떨어져 있습니까?

0.34(km) × 6.5(초) = 2.21(km)
(한 묶음의 개수) × (묶음의 수) (전체의 수)

(문제4) 2.6L의 페인트를 1.3m²의 벽에 칠했습니다. 1m²당 몇 L의 페인트를 칠했습니까?

□(L) × 1.3(m²) = 2.6(L)
(한 묶음의 개수) × (묶음의 수) (전체의 수)
2(L) = 2.6(L) ÷ 1.3(m²)

6. 0으로 나누면 안 되는 이유는 무엇인가?

이번 시간에는 나눗셈의 특징 중에서 나누는 수가 0인 경우에 대해서 알아보도록 하겠습니다.

정환 : 나눗셈을 할 때 0으로 나누면 안 된다는 이야기를 들은 적이 있어요.

지현 : 저도 나누는 수가 0이 되어서는 안 된다고 들었는데, 0으로 나누면 안 되는 이유는 무엇인가요?

한들 : 옛날의 인도인들이 0을 발명했을 때 0으로 나누면 안 된다고 정했기 때문이 아닐까요?

아니요, 그건 아니에요. 여러분, 그건 누군가가 결정해서 그렇게 된 것이 아니랍니다. 그건 나눗셈의 의미를 생각해 보면 누구나 쉽게 알 수 있는 문제입니다. 먼저 나누는 수가 0인 경우를 두 가지로 나누어 생각할 수 있는데 하나는 (0이 아닌 어떤 수)÷0과 나누어지는 수도 0인 0÷0, 이렇게 두 가지입니다.

경민 : (0이 아닌 어떤 수)÷0이란 예를 들어 6÷0과 같은 나눗셈을 말하는 것인가요?

　그렇습니다. 나누는 수가 0인 경우를 공부하기 전에 먼저 6÷3의 경우를 살펴봅시다. 물론 6÷3의 결과가 2라는 것쯤은 누구나 쉽게 알 수 있습니다. 그러나 이러한 나눗셈을 다음과 같은 나눗셈 식으로 나타내 봅시다.

$$6÷3 = (어떤 수)$$

위의 식을 곱셈식으로 나타낼 수 있나요?

정환 : 나타낼 수 있어요.

　어떻게 나타낼 수 있나요?

정환 : (어떤 수)×3=6이라고 나타낼 수 있어요.

　그렇습니다. 그렇다면 6÷0=(어떤 수)를 곱셈식으로 나타내 보세요.

지현 : (어떤 수)×0=6이 되겠는데요.

한들 : 어떤 수에 0을 곱하면 6이 되는가? 라는 문제가 되는데요.

 그렇습니다. 위의 조건을 만족하게 하는 어떤 수가 있나요?

경민 : 아니요. 어떤 수든지 0을 곱하면 0이 되지 6이 되는 일은 없어요.

 맞습니다. 그렇다면 답이 없다는 말인가요?

정환 : 예. 답은 없어요.

 그렇습니다. 이렇게 답이 존재하지 않는 것을 어려운 말로 불능(不能)이라고 합니다.

지현 : 그렇다면 0÷0도 답이 없는 걸까요?

한들 : 0÷0=(어떤 수)이니까 이것을 곱셈식으로 나타내 보면 어떤 답이 나올지 확인해 볼 수 있지 않을까요?

경민 : 앞의 나눗셈을 곱셈식으로 나타내면 (어떤 수)×0=0이 되고, 이것은 어떤 수에 0을 곱하면 0이 되는가? 라는 문제가 되요.

 그렇습니다. 위의 조건을 만족하는 어떤 수가 있나요?

정환 : 어떤 수라도 0을 곱하면 0이 되므로 무엇이 어떤 수인지 알 수가 없는데요?

지현 : 5÷5라든지 4÷4와 같이 어떤 수를 자기 자신으로 나누면 반드시 1이 되잖아요. 그러니까 0÷0도 1이라고 정하면 되지 않을까요?

좋은 질문입니다. 자, 그럼 이런 문제를 생각해 보죠. 사과를 5개 사고 5달러를 냈습니다. 사과 1개의 값은 얼마인가요?

지현 : 5÷5=1이므로 1달러입니다.

좋습니다. 이번에는 오렌지 4개를 사고 4달러를 냈습니다. 오렌지 1개의 가격은 얼마인가요?

지현 : 이것도 4÷4=1이므로 1달러입니다.

그래요. 이런 문제에서는 분명히 어떤 수를 자기 자신으로 나눴기 때문에 답은 1달러입니다. 그런데 자동차 0대를 사고 (즉, 한 대도 사지 않고) 0달러를 냈다. (즉, 돈을 내지 않았다.)면 자동차 1대의 가격은 얼마인지 알 수 있나요?

한들 : 자동차 1대의 가격이 1달러인지 100달러인지 알 수 없겠는데요.

그렇습니다. 애당초 자동차를 사지 않았기 때문에 가격을 알 수가 없는 것입니다. 즉, 자동차의 가격을 모르는 것입니다.

경민 : 그렇다면 '(어떤 수)×0=0'의 의미가 어떤 수에 0을 곱해서 0이 되는 수이므로 어떤 수의 값을 알 수 없다는 것이군요.

그렇습니다. 모든 수가 다 어떤 수가 될 수 있어서 어떤 수를 정할 수 없으므로 이런 경우를 어려운 말로 부정(否定)이라고 합니다.

정환 : 그러니까 0을 0으로 나누는 것은 안 되는 것이군요.
지현 : 선생님, 나눗셈 이야기가 나왔으니 한 가지 질문을 더 하겠습니다. 분수의 나눗셈을 할 때 분자와 분모를 뒤집어 곱하는 이유는 무엇인가요?

분수의 덧셈과 뺄셈은 어떻게 계산했나요?

지현 : 분모의 크기를 같게 해 준 다음 즉, 통분을 한 다음 분자끼리 더하거나 빼서 계산했어요.

 그래요. 그럼 분수의 곱셈은 어떻게 계산했나요?

지현 : 분모는 분모끼리, 분자는 분자끼리 곱해서 계산했어요.

 좋습니다. 그렇다면 분수의 나눗셈은 어떻게 계산해야 할까요?

지현 : 분모는 분모끼리, 분자는 분자끼리 나누면 되나요?

맞아요! 그렇습니다. 예를 들어 $\frac{6}{8} \div \frac{3}{4}$ 을 계산해 보죠. 분모는 분모끼리, 분자는 분자끼리 나누면 어떤 식이 되나요?

한들 : $\frac{6}{8} \div \frac{3}{4} = \frac{6 \div 3}{8 \div 4}$ 이 됩니다. 그리고 8÷4=2이고 6÷3도 2이므로 $\frac{2}{2}$ 는 1입니다.

잘했습니다. 이번에는 $\dfrac{5}{6} \div \dfrac{3}{4}$ 을 계산해 볼까요?

경민 : $\dfrac{5}{6} \div \dfrac{3}{4} = \dfrac{5 \div 3}{6 \div 4}$ 의 계산이 됩니다.

 위의 식은 보기에 조금 불편하지만 분자와 분모를 각각 분수로 나타내면 어떻게 될까요?

정환 : $\dfrac{5 \div 3}{6 \div 4} = \dfrac{\frac{5}{3}}{\frac{6}{4}}$ 가 됩니다.

이와 같은 분수를 무엇이라고 하나요?

정환 : 번분수라고 합니다.

맞습니다. 번분수란 분모와 분자의 자리에 분수가 놓인 즉, $\dfrac{\text{분수}}{\text{분수}}$ 인 모양을 말합니다. 자, 그런데 분수는 분모와 분자에 0이 아닌 같은 수를 곱해도 그 값은 변하지 않는다는 사실을 알고 있나요?

지현 : 예, 알고 있어요. 예를 들어 분수 $\dfrac{1}{2}$ 에 분모와 분자에 각각 5를 곱하면 $\dfrac{1 \times 5}{2 \times 5} = \dfrac{5}{10}$ 가 되는데 $\dfrac{1}{2}$ 과 $\dfrac{5}{10}$ 는 그 크기가 같아요.

한들 : 맞아요, 이렇게 모양은 다르지만 그 값이 같은 분수를 동치 분
수라고 했어요.

 좋습니다. 그러면 번분수 $\dfrac{\frac{5}{3}}{\frac{6}{4}}$ 의 분자와 분모에 각각 3×4를
곱해 볼까요?

경민 : $\dfrac{\frac{5}{3}}{\frac{6}{4}} = \dfrac{\left(\frac{5}{3}\right) \times 3 \times 4}{\left(\frac{6}{4}\right) \times 3 \times 4}$ 가 되는데, 분자에서는 3이, 분모에

서는 4가 각각 지워져요.

 그러면 지워진 결과를 써 보세요.

정환 : $\dfrac{\left(\frac{5}{3}\right) \times 3 \times 4}{\left(\frac{6}{4}\right) \times 3 \times 4} = \dfrac{5 \times 4}{6 \times 3}$ 가 되요.

 그렇다면 처음의 $\dfrac{5}{6} \div \dfrac{3}{4}$ 과는 어떤 관계가 있는 걸까요?

정환 : $\dfrac{5}{6} \div \dfrac{3}{4}$ 은 $\dfrac{5}{6} \times \dfrac{4}{3}$ 가 되는데 이것은 결국 나누는 수인 $\dfrac{3}{4}$
의 분모와 분자를 뒤집어서 곱한 것과 마찬가지가 되는군요.

이제 다시 한 번 나눗셈의 의미를 생각해 보겠습니다. $\frac{5}{6} \div \frac{3}{4}$ = (어떤 수)라는 문제는 (어떤 수)에 $\frac{3}{4}$ 을 곱하면 $\frac{5}{6}$ 가 되느냐 하는 문제와 같습니다. 하지만 잘 생각해 보면 굳이 계산하지 않아도 $\frac{5 \div 3}{6 \div 4}$ 에 $\frac{3}{4}$ 을 곱하면 다시 $\frac{5}{6}$ 가 된다는 사실을 알 수 있습니다. 왜냐하면 분수의 곱셈은 분자는 분자끼리, 분모는 분모끼리 각각 곱하면 되는 것이기 때문입니다. 그러니까 $\frac{5 \div 3}{6 \div 4} \times \frac{3}{4} = \frac{5 \div 3 \times 3}{6 \div 4 \times 4}$ 이 되어 당연히 $\frac{5}{6}$ 가 되는 것입니다.

7. 음수의 개념을 알아보자

이번 시간에는 '음수'에 대하여 공부해 보겠습니다. 음수란 어떤 수일까요?

정환 : 음수란 '0보다 작은 수'라고 배웠어요.

'0보다 작은 수'라는 의미에 이상한 점이 있다고 생각해 본 적이 있나요?

지현 : 저는 조금 이상하다고 생각했어요.

어떤 이상한 점을 발견했나요?

지현 : 0은 '아무것도 없는 상태'인데, 그보다 더 작은 것이 있다는

것이 어떤 상태를 말하나요?

그래요, 그런 의문을 갖는 것은 바람직한 일입니다. 그리고 의문이 생기면 그 의문을 충분히 이해할 때까지 따져보고 문제를 해결해 나가는 태도가 중요합니다.

한들 : 수에는 어떤 물건의 모임이 대응한다고 배웠습니다. 예를 들어 자연수 3은 눈에 보이는 물건의 집합이 있잖아요.

경민 : 그래, 그런데 음수에 해당하는 물건은 없습니다. 가령 −3마리의 강아지는 보고 싶어도 볼 수 없는 거 아닌가요?

그렇습니다. −1, −2, −3과 같은 음수를 이해하기 어려운 이유가 바로 거기에 있는 것입니다. 즉, 볼 수 없는 것을 볼 수 있는 것처럼 취급하니 어려울 수밖에 없는 것이지요.

지현 : 16세기경 유럽의 수학자들도 음수란 0보다 작은 수이기 때문에 실제로 존재하지 않는 '가짜의 수'라고 생각했다는 말을 들은 적이 있습니다. 그렇다면 자연수는 '진짜의 수'인가요?

사실 자연수 1, 2, 3, …이라는 수도 어디에도 존재하고 있지 않은 수이며, 다만 이들 수를 사용하면 실제로 생활에 편리하기 때문에 사람들끼리 약속을 한 것뿐입니다. 따라서 음수도 실제 생활에 쓸모가 있으면 '실제로 존재하는 수'라고 여길 수 있을 것입니다.

한들 : 음수를 우리의 실생활에서 사용하는 경우가 있나요?

 우리 생활 주변에서 음수를 사용하는 예를 들어 볼까요?

정환 : 추운 겨울날 영하의 온도를 마이너스(−)로 나타내요.

지현 : A, B, C라는 세 사람이 수학 시험을 보았는데, A는 60점, B는 80점, C는 90점을 받았다면, 이때 B와 비교하면 A, C 두 사람의 수학 점수의 차이는 B의 점수를 0이라 할 때, A는 −20점, C는 +10점이 되요.

한들 : 바다에서 수면의 위쪽을 +, 수면 아래쪽을 −로 나타내요.

경민 : 그리고 어느 해 한 나라의 경제가 좋지 않을 때 마이너스 성장률을 보였다는 표현을 들은 적이 있어요.

그렇습니다. 음수도 단지 계산에만 등장하는 수가 아니고, 현실 세계의 여러 가지 양을 나타내는 수란 사실을 쉽게 확인할 수 있습니다.

정환 : 그렇다면 음수라는 개념은 어떻게 생겨났고, 어떻게 발전했나요?

1, 2, 3, …과 같은 자연수는 전 세계 어느 곳에서나 자연스럽게 발견되었습니다. 그러나 음수를 발견하는 데는 그 후로 아주 오랜 시간이 흘러야 했습니다.

지현 : 옛날에는 수라고 해도 모두가 자연수뿐이었으므로 따로 이름

을 붙일 필요가 없었을 것 같은데요?

그렇습니다. 자연수도 음수라는 것이 등장하면서 그와 대조적인 새로운 이름이 필요했던 것입니다. 그래서 자연수를 음수의 반대 개념인 '양수'로 부르게 된 것입니다.

한들 : 그러다 보니 양수와 음수에 0을 덧붙인 전체를 부르는 이름도 필요했는데 그것의 이름을 '정수'로 정한 것이군요.

맞습니다. 그리고 옛날에 음수를 이해하고 있던 곳은 중국뿐이었던 것 같습니다.

경민 : 동양 사상에서 말해놓은 '음양설'도 음수와 관련이 있나요?

'음양설'이 무엇인지 설명할 수 있나요?

경민 : 음양설이란 세상에 존재하는 모든 것을 음과 양으로 구변하는 사상이라고 들었어요.

정환 : 예, 저도 들은 적이 있는데, 예를 들어 세상의 모든 사물을 '하늘과 땅', '태양과 달', '남자와 여자'와 같이 2분법적으로 구

분하는 것이라고 들었어요.

그렇습니다. 중국에서는 기원전 2~3년경의 진한시대에 《구장산술》이라는 책이 있었는데, 양수를 나타내는 수 막대는 빨간색, 음수를 나타내는 수 막대는 검은색으로 표시했다고 합니다.

지현 : 요즘 손해를 보았을 때, '적자를 보았다.' 라는 표현을 쓰는데, 음수를 나타내는 수 막대의 색깔이 검은색이 아니고 빨간색인 것 같은데요?

그렇지 않습니다. 《구장산술》에서는 빨간색은 양수를 나타내고 있습니다. 다만 이것이 전해지고 사용하는 과정에서 빨강과 검정의 뜻이 뒤바뀌어서 그렇게 된 것입니다.

한들 : 그렇다면 유럽에서는 음수의 개념이 어떻게 생겨난 것일까요?

중국에서 사용하던 음수의 개념은 7세기경 인도의 브라마굽타에 의해서 받아들여졌고, 그것이 8세기경 아라비아로 건너갔고, 약 12세기경에 유럽으로 전해졌습니다.

경민 : 이 개념을 유럽으로 가져간 사람이 있나요?

이탈리아의 수학자 피보나치가 아라비아로부터 받아들여서 1202년에 《산반서》라는 책에 소개를 하였습니다. 그리고 '플러스', '마이너스'는 피보나치가 처음으로 사용하였고, +는 라틴어의 et(영어의 and)를 갈겨쓴 것에서, -는 mimus의 m을 갈겨쓴 것에서 비롯되었습니다.

8. 소수(prime number)의 매력은 무엇인가?

이번에는 수학에서 매우 중요시 하는 소수의 매력에 대해서 공부해 봅시다.

정환 : 소수란 1과 자기 자신만을 약수로 갖는 수를 말하지 않나요?

그렇습니다. 그런데 이렇게 간단하고 순수한 소수에 대해 고대 그리스시대 이래로 수많은 사람이 끊임없이 연구를 해 온 이유는 무엇일까요?

정환 : 소수를 물리학에서 원자에 비유하곤 하는데 그 이유가 궁금해요.

소수를 원자에 비유하는 이유는 소수가 원자처럼 더는 쪼갤 수 없는 수이기 때문입니다.

지현 : 그렇다면 소수가 아닌 합성수는 몇 개의 수로 쪼갤 수 있다는 말씀인가요?

그렇습니다. 예를 들어 12라는 합성수는 1×12, 2×6, 3×4처럼 여러 가지 방법으로 두 정수의 곱으로 나타낼 수 있다는 것이지요.

지현 : 소수인 7은 1×7로밖에 표현할 수 없다는 말씀이군요.

그렇지요. 두 정수의 곱을 그림으로 설명해 볼게요. 바둑돌이 12개 있을 때 이것을 직사각형 모양으로 늘어놓는 방법에는 몇 가지가 있을까요?

정환 : 가로가 12이고 세로가 1인 모양의 직사각형이 있어요.

지현 : 가로가 6이고 세로가 2인 모양의 직사각형도 있어요.

한들 : 가로가 4이고 세로가 3인 모양의 직사각형도 있어요.

그렇습니다. 합성수인 12는 이렇게 여러 가지 모양의 직사각형을 만들 수 있지만 소수인 7은 일직선으로 늘어놓을 수밖에 없기 때문입니다. 자, 이번에는 소수는 자연수에서 어떤 의미가 있는지 생각해 봅시다. 자연수는 어떻게 만들어졌는지 말해 볼까요?

경민 : 1을 한 번 더하면 1, 두 번 더하면 2, 세 번 더하면 3, … 과 같이 덧셈만 있으면 모든 자연수를 만들 수 있어요.

맞습니다. 그러면 곱셈으로 모든 자연수를 만들 수 있을까요?

정환 : 1을 한 번 곱하면 1, 두 번 곱해도 1, 세 번 곱해도 1, …, 1은 아무리 여러 번 곱해도 항상 1이므로 1과 곱셈만으로는 모든 자연수를 만들 수 없어요.

그렇다면 2를 여러 번 곱하면 모든 자연수를 만들 수 있을까요?

지현 : 2를 두 번 곱하면 4, 세 번 곱하면 8, …. 그러면 3이나 5와 같은 수를 만들 수 없어요.

 그렇습니다. 2를 반복해서 곱해도 만들 수 없는 수들이 있습니다.

지현 : 그렇다면 곱셈으로 모든 자연수를 만들기 위해서는 어떤 수들이 필요할까요?

 곱셈으로 모든 자연수를 만들려면 2, 3, 5, 7, 11, … 등과 같은 소수가 모두 필요하게 됩니다. 여기서 수에 대한 아주 중요한 성질을 하나 발견할 수 있는데, 그 성질이 과연 무엇일까요?

경민 : 어떤 자연수가 모든 소수와 관계가 있는 것이 아니라 특정한 소수와만 관계가 있는 것이 아닐까요?

 그렇다면 8이라는 수는 어떤 소수와 관계가 있는 것일까요?

경민 : 8은 2를 세 번 곱해서 만들어지는 수이므로 8이라는 수는 소수 2가 세 개가 모여서 된 것이라는 것을 알 수 있어요.

또, 45라는 수는 어떤 소수와 관계가 있는 것일까요?

정환 : 45는 3을 두 번, 5를 한 번 곱해서 만들어지는 수이므로 45는 3이 두 개, 5가 한 개 모여서 만들어지는 것이에요.

 좋습니다. 소수의 또 다른 성질을 알아봅시다. 2부터 시작되는 소수를 계속 찾아가다 보면, 소수가 점점 띄엄띄엄 나타난다는 사실을 발견하게 됩니다. 1부터 10 사이에는 소수가 몇 개 있나요?

지현 : 2, 3, 5, 7로 4개 있어요.

   소수의 존재율을 백분율로 표시하면 40%입니다. 그렇다면 1부터 100 사이에는 몇 개의 소수가 존재할까요?

한들 : 25개가 있고 백분율로는 25%예요.

  1부터 1000 사이에는 168개의 소수가 있는데, 이것을 백분율로 표시하면 어떻게 되나요?

경민 : 16.8%예요.

그렇습니다. 1부터 10000 사이에는 1229개가 있어서 약 12.3%이고, 1부터 100000 사이에는 9552개로 약 9.5%입니다. 이처럼 소수의 백분율은 점차 감소하고 있다는 것을 알 수 있습니다. 소수의 발생은 불규칙적이면서 그 빈도가 점점 줄고 있는데 이러한 현상을 보면서 어떤 궁금증이 생기나요?

정환 : 소수의 발생 빈도가 점점 줄어들고 있으므로 결국 없어지지 않을까? 하는 의문이 생기는데요.

지현 : 그리고 소수의 개수가 유한하다면 가장 큰 소수는 어떤 수일까? 하는 의문도 생기는데요.

아주 훌륭한 생각입니다. 그런데 이러한 의문에 대한 해답은 이미 기원전 300년경에 구해졌습니다. 가장 큰 소수란 존재하지 않으며, 따라서 무한히 많은 소수가 존재한다는 사실을 증명한 사람은 바로 유클리드였습니다.

한들 : 유클리드가 증명한 방법을 우리가 이해할 수 있을까요?

기원전 약 275년에 그리스의 유명한 수학자 유클리드는 교묘한 방법으로 소수의 개수가 무한하다는 것을 증명하였습니다. 그 방법이 바로 귀류법인데 그 증명은 다음과 같습니다.

⟨증 명⟩

'소수의 개수가 유한하다.'고 가정하자. 그러면 제일 큰 소수가 존재하는데 이것을 p라고 하자. 따라서 모든 소수를 다음과 같이 열거할 수 있다.
$$2, 3, 5, 7, \cdots, p$$
그리고 다음과 같은 수를 생각해 보자.
$$(2 \times 3 \times 5 \times 7 \times \cdots \times p) + 1$$
그러면 그 수는 의심할 바 없이 p보다 크다.
여기에서 2×3×5×7×⋯×p는 어떤 소수로도 나누어떨어지는 합성수이지만 (2×3×5×7×⋯×p) + 1은 어떤 소수로 나누어도 나머지는 항상 1이 된다.
즉, 이 수는 2, 3, 5, 7, ⋯, p 중 어느 한 수로도 나누어떨어지지 않는다. 다시 말하면 이 수는 p보다 큰 소수이다. 이것은 가정에 모순된다. 따라서 소수의 개수는 무한하다.

이번에는 자연수 중에서 도대체 어떤 수들이 소수일까요? 즉, 약수를 2개만 갖는 수들을 어떻게 찾을 수 있을까요? 에 대해서 공부해 봅시다.

정환 : 소수를 찾는 방법에 대해 연구한 수학자가 있나요?

그렇습니다. 기원전 300여 년에 그리스의 수학자 에라토스테네스가 소수를 찾아내는 방법을 고안해 냈습니다. 그는 종이에다 자연수들을 써서 궤짝에다 붙여 놓고 합성수들을 모조리 도려냈습니다. 남은 종이는 작은 구멍이 송송 나서 마치 모든 합성수가 체에서 빠지고 소수만 남은 것처럼 되었습니다.

지현 : 아! 그래서 이렇게 얻은 표를 '에라토스테네스의 체'라고 하는군요.

한들 : 에라토스테네스는 어떤 방법으로 체질을 했는지 자세히 설명해 주세요?

예를 들어, 1부터 50까지의 소수표를 만든다고 해 봅시다. 종이에다 1부터 50까지의 50개의 자연수를 써 놓고 먼저 1을 그어서 소수표에서 제외합니다.

경민 : 왜 1은 소수가 될 수 없는 거죠?

1을 소수로 간주하지 않는 이유는 1을 소수로 취급했을 경우, 가령 6을 소수의 곱으로 나타낼 때 다음과 같이 무수히 많은 소수의 곱의 모습이 나타나기 때문입니다.

$$6 = 2 \times 3$$
$$= 1 \times 2 \times 3$$
$$= 1 \times 1 \times 2 \times 3$$
$$= 1 \times 1 \times 1 \times 2 \times 3$$

이렇게 되면 '소인수분해의 일의성'을 보장할 수 없게 됩니다.

정환 : '일의성'이란 말이 무슨 뜻인가요?

일의성이란 유일성과 같은 의미로서 단 하나만 존재함을 의미하는데, 예를 들어 6을 6 = 2×3과 같이 단 하나로만 소인수분해가 됨을 뜻합니다.

지현 : 1을 소수로 인정하지 않는 이유는 소인수분해의 일의성과 관련이 있는 거군요.

네, 정확한 표현입니다. 이제 1을 제외한 남은 소수표에서 2를 남기고 2의 배수를 모두 그어 버립니다. 그 다음에는 어떻게 해야 할까요?

한들 : 다음에는 3을 남기고 3의 배수를 모두 그어 버려요.

경민 : 그 다음에는 5를 남기고 5의 배수를 모두 그어 버리고요.

정환 : 이와 같은 방법으로 계속해서 그어 나간다면 1부터 50까지의 소수표를 얻게 되는군요.

 이것이 바로 유명한 에라토스테네스의 체치기 방법입니다.

1̸	2	3	4̸	5	6̸	7	8̸	9	1̸0̸
11	1̸2̸	13	1̸4̸	1̸5̸	1̸6̸	17	1̸8̸	19	2̸0̸
2̸1̸	2̸2̸	23	2̸4̸	2̸5̸	2̸6̸	2̸7̸	2̸8̸	29	3̸0̸
31	3̸2̸	3̸3̸	3̸4̸	3̸5̸	3̸6̸	37	3̸8̸	3̸9̸	4̸0̸
41	4̸2̸	43	4̸4̸	4̸5̸	4̸6̸	47	4̸8̸	49	5̸0̸

※ 2의 배수는 /, 3의 배수는 \, 5의 배수는 —, 7의 배수는 |으로 그었습니다. 즉 6의 경우는 2의 배수도 되고 3의 배수도 되는 것입니다. 30의 경우에는 2의 배수도 되고 3의 배수, 5의 배수도 되겠지요. 1은 소인수 분해의 일의성을 보장할 수 없는 숫자입니다(P.71참조).

2장 도형과 측정

1. 잴 수 없는 부분의 길이를 재어보자
2. 분리량과 연속량이란 무엇인가?
3. 삼각형 세 내각의 합이 180°인 것을 증명하는 여러 가지 방법
4. 원의 비밀은 원주율에 있다
5. 생활에서 볼 수 있는 도형 속에 들어 있는 지혜로움
6. 근삿값을 구하는 이유는 무엇인가?
7. 달력은 어떻게 만들어진 것인가?

1. 잴 수 없는 부분의 길이를 재어보자

이번 시간에는 어떤 물건의 길이를 자로 잴 수 없을 때에는 어떻게 그 물건의 길이를 알아낼 수 있을지를 생각해 봅시다.

정환 : 그런 게 있나요? 보통은 자로 잴 수 있잖아요.

하지만 공의 지름은 자로 잴 수 없잖아요. 난 우리 반 축구공의 지름을 알고 싶은데 말이에요.

정환 : 공의 지름을 아는 것이 필요할 때가 있을까요?

물론이죠. 예를 들어 공 모양의 저금통을 만드는 회사가 있다고 합시다. 이 회사에서 공 모양의 저금통을 포장할 상자를 만들려고 할 때 무엇을 알아야 할까요?

정환 : 저금통의 지름이요.

그렇죠. 이 저금통의 지름의 길이가 저금통을 포장할 상자의 한 모서리의 길이가 되는 거에요.

정환 : 지름의 길이를 한 모서리로 하는 정육면체의 상자를 만들면 된다는 거군요.

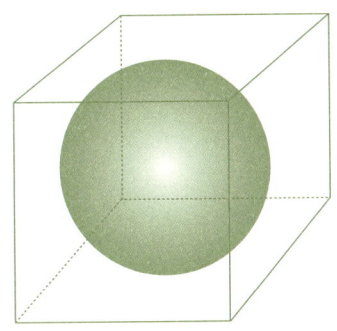

그렇습니다. 우리 반의 축구공도 마찬가지에요. 어제까지 교실에 있던 그물이 없어졌어요. 그래서 공이 들어갈 만한 빈 상자를 찾아서 거기에 공을 넣어 두려고 하는 거예요.

지현 : 그래서 누가 상자를 가져오기로 했나요?

아직 정해지지 않았는데, 이 공의 지름을 알아내는 방법을 찾아내는 사람이 가져 오거나 만들어 보면 어떨까요?

한들 : 그거 좋겠네요.

정환 : 그렇다면, 이 축구공의 지름은 어떻게 잴 수 있을까?

지현 : 눈으로 보고 대충 재면 안 될까요? 20cm 정도 될 것 같은데 말이에요.

한들 : 앗! 좋은 방법이 있어요. 선생님 혹시 줄자를 갖고 계시나요?

정환 : 줄자는 왜?

한들 : 줄자를 가지고 한 번 재어 보는 거예요. 줄자로 축구공을 한 바퀴 돌렸을 때 가장 긴 부분이 원주잖아요. 그것을 3.14로 나누면 공의 지름이고요.

 정말 좋은 생각입니다. 선생님이 갖고 있는 줄자로 재어 보세요.

한들 : 공의 둘레를 재어 보니 66cm입니다.

정환 : 이 66cm를 3.14로 나누면 되겠네요.

지현 : 66 ÷ 3.14 = 21.01…입니다.

한들 : 맞았어! 이 공의 지름은 약 21cm입니다.

아주 훌륭한 아이디어로 잘 재는 거 같아 다행입니다. 하지만 줄자가 없을 때는 어떻게 해야 할까요?

정환 : 줄자를 사용하지 않고 잴 수 있나요?

 잴 수 있어요.

지현 : 좀 어렵네요.
한들 : 다른 물건을 사용해도 될까요?

 물론이에요.

한들 : 상자 같은 것을 사용하면 어떨까요?

 좋은 생각입니다.

한들 : 선생님, 제가 해 보겠습니다. 저기에 있는 상자를 이용해 보겠습니다.

 좋아요.

한들 : 이렇게 교실 벽 구석에 공을 놓고, 공 옆에 상자를 고정해 벽과 상자 사이의 거리를 재는 겁니다.

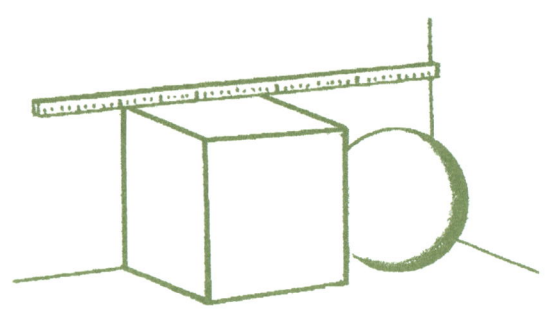

정환, 지현 : 야! 대단한걸.

좋은 방법이에요. 여러분도 알겠죠? 직접 잴 수 없을 때는 한들이처럼 재고 싶은 물건과 같은 길이를 만들어서 재면 됩니다. 이번에는 좀 더 어려운 문제를 내 보겠어요.

우리가 보통 어떤 물건을 택배로 보낼 때, 택배 요금은 가로, 세로, 높이를 재서 정하는 경우가 많습니다. 왜냐하면 상자의 세 변의 길이를 재기가 쉬우니까요. 하지만 이 상자의 대각선의 길이도 자로 잴 수 있을까요?

윗면의 한쪽 구석에서 아랫면의 한쪽 구석까지, 즉 마주 보는 꼭짓점

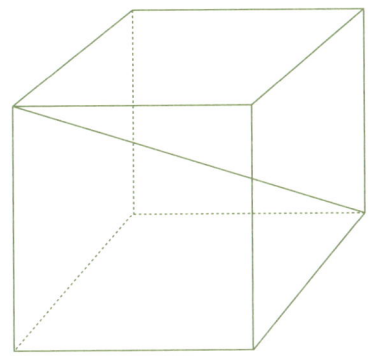

의 길이를 재는 거예요. 어떻게 하면 될까요?

정환 : 이 문제는 상자의 뚜껑을 열고 안에서 재야 할 것 같은데요.

지현 : 뚜껑을 열지 않고 재는 방법이 있을까요?

 있습니다.

한들 : 뚜껑을 열지 않고 잴 수 있다면……, 상자 위에 상자가 하나 더 놓여 있다고 가정하면 안 될까요?

 아주 좋은 생각입니다.

한들 : 이렇게 하면 될 것 같습니다. 종이 상자를 벽에 붙인 후 상자의 벽 쪽 부분에 자를 대어 상자 높이의 두 배가 되는 부분에 연필로 표시합니다. 그리고 그곳에서 상자의 윗면의 꼭짓점까지를 자로 재는 방법입니다.

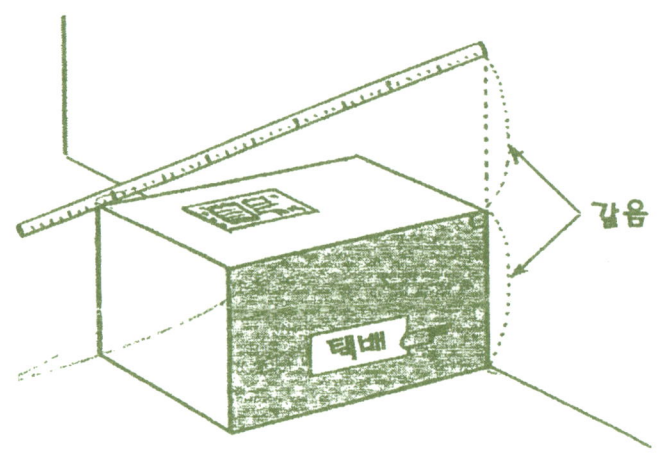

정환, 지현 : 정말 기가 막힌 방법이네요.

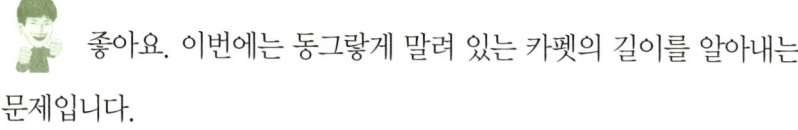
좋아요. 이번에는 동그랗게 말려 있는 카펫의 길이를 알아내는 문제입니다.

정환 : 카펫을 펼쳐보지 않고도 알 수 있는 방법을 말하시는 건가요?

그렇습니다. 물론 펼쳐보면 알겠지만 펼쳐보지 않아도 아는 방법이 있습니 다. 동그랗게 말린 카펫의 지름은 19cm이며, 카펫의 두께는 1.2cm입니다. 이 카펫의 길이는 얼마나 될까요?

지현 : 지금 이 카펫의 긴 쪽은 동그랗게 말려 있어 원 모양의 단면을 하고 있지만 펼치면 정사각형의 한 변이 되나요?

그렇습니다.

한들 : 둥근 단면의 넓이는 말려 있을 때와 펼쳐 있을 때가 같아서 우선 이 성질을 이용해야 할 것 같은데요.

아주 좋은 아이디어입니다.

정환 : 그렇다면 동그랗게 말린 부분의 지름을 재서 원의 넓이를 구하면 되지 않을까요?

지현 : 그렇지. 그런데 원의 바깥 부분의 끝나는 부분이 완전한 원이 아니므로 카펫 두께의 절반 정도를 빼는 게 지름에 더 가까울 것 같은데…….

한들 : 그렇다면 이 단면을 원으로 생각했을 때 반지름은 (19−0.6) ÷ 2 = 9.2(cm)가 됩니다.

 그렇습니다.

정환 : 얼마 전 학교에서 공부했을 때 원의 넓이는 (반지름)×(반지름)×(원주율(약 3.14))이라는 공식으로 구할 수 있다고 배웠습니다.

따라서 이 원의 넓이는 $9.2 \times 9.2 \times 3.14 = 265.7696(cm^2)$입니다. 하지만 곱한 숫자는 근사치이기 때문에 답은 대략 $266cm^2$ 정도가 될 것 같습니다.

지현 : 그렇군. 그래서 이 면적을 두께로 나누면 카펫의 길이가 나오겠군요.

그렇습니다. 그러면 카펫의 길이는 얼마일까요?

한들 : 266 ÷ 1.2 = 221.66…(cm)이니까, 음~ 대충 2.2m가 되는군요.

2. 분리량과 연속량이란 무엇인가?

정환이와 한들이는 자신들이 좋아하는 우리나라 축구 대표팀의 월드컵 경기 입장권을 사기 위해 은행 앞에 줄을 서서 기다리고 있었습니다. 입장권을 파는 시간은 오전 9시였지만 오전 8시가 조금 넘었을 때 이미 수십 명이 줄을 서서 기다리고 있었습니다.

정환 : 이 은행에서 오늘 입장권을 몇 장이나 판다고 했지?

한들 : 선착순 50명이라고 쓰여 있던데.

정환 : 입장권을 살 수 있을까? 우리 앞에서 다 팔리고 마는 건 아닐까?

한들 : 글쎄, 우리 앞에 서 있는 사람이 50명은 안 되어 보이는데. 한 사람당 한 장씩만 판다고 했으니까 살 수 있을 것 같기도 하고.

정환 : 내가 줄을 지키고 있을 테니까 한들이 네가 우리 앞에 몇 명이나 있는지 보고 올래?

두 사람보다 앞에 있는 사람은 34명이었습니다. 마침내 9시가 되었고 두 사람은 무사히 경기 입장권을 살 수 있었습니다.

한들 : 줄을 서는 건 정말 싫어. 다행히 오늘은 살 수 있었지만 말이야.

정환 : 정말 그래. 그리고 우리 앞에 몇 명이 있는지 네가 알아봤기 때문에 티켓을 못 살까 봐 초조하지도 않았고 말이야.

한들 : 그래, 몇 명이 줄을 섰는지 모른다면 우리 차례가 올 때까지 계속 초조했을 텐데 말이야.

정환 : 놀이동산에서 놀이 기구를 탈 때도 몇 명이 줄을 서 있는지 알 수 있어 예상 대기 시간을 알 수도 있고.

한들 : 그렇지. 학교에서 급식을 받을 때도 내 앞에 몇 명이 있는지 정확히 알 수 있고.

정환 : 역시 물건의 양이나 사람의 수를 알아볼 때 셀 수 있는 것은 세어 보는 것이 좋아. 그래야 정확하니까.

한들 : 그럼, 물의 양은 어떻게 셀 수 있지?

정환 : 물의 양을 센다고? 물은 셀 수가 없지. 그렇다면 물의 양은 알아볼 수 없는 걸까?

한들 : 계량컵을 사용하면 알아볼 수 있을 것 같은데?

정환 : 그렇지만 계량컵을 사용하는 것은 물을 담는 거지 세는 건 아니잖아.

한들 : 맞아. 그리고 계량컵을 사용하면 계량컵에 계속 남아있는 양도 있고, 조금씩은 흘리기도 하고 말이야.

정환 : 우리 선생님께 여쭤 보러 갈까?

한들 : 그래, 그게 좋겠다.

 물의 양을 정확히 셀 수 없겠느냐고요?

한들 : 예. 사람의 수는 하나, 둘, 셋, …. 이렇게 정확하게 셀 수 있는데 물은 하나, 둘, 셋, …하고 셀 수가 없으니 말이죠.

너희 둘이 아주 훌륭한 생각을 해 냈구나. 그럼 선생님이 너희에게 물어볼 게 있어. 우선, 정환이 네 몸무게가 정확히 몇 kg인지 아니?

정환 : 제 몸무게가 정확히 몇 kg이냐고요? 글쎄요. 어제 저녁에는 51kg이었는데 오늘 아침에 재보니까 50.5kg이었거든요.

한들 : 저도 몸무게가 변하는 걸 느낀 적이 있었어요.

정환 : 그게 언젠데?

한들 : 아빠랑 대중목욕탕에 갔다가 목욕을 하기 전에 몸무게를 재어 봤더니 51.6kg이었는데, 목욕을 하고 화장실에 다녀왔더니 51.2kg으로 변해 있더라고.

정환 : 선생님, 이렇게 계속 변해서 정확하게 측정할 수 없는 경우는 어떻게 해야 하나요?

한들 : 그렇다면 학교에서 건강기록부에 몸무게를 적는 부분이 있는데 거기에 적힌 몸무게는 정확한 것이 아니잖아요.

아주 좋은 궁금증을 갖고 있는 거예요. 그럼, 지금부터 선생님이 여러분의 궁금증을 풀어 주겠습니다.

우리 주변의 물체들을 자세히 살펴보면 하나하나 낱개로 떨어져 있는 것들이 있습니다. 교실 안에 있는 쌓기 나무는 하나하나 따로 떨어져 있습니다. 사람이나 책상이나 축구공 등도 마찬가지입니다. 이와 같은 것들을 셈할 때는 답을 정확하게 '몇 개'로 나타낼 수 있습니다. 이러한 것들은 하나하나가 따로 떨어져 있다는 의미로 '분리량'이라고 부릅니다. 분리량이란 '자연수처럼 정확하게 셀 수 있는 양'을 말합니다. 필통에 들어 있는 연필 수라든지, 우리나라의 인구처럼 분리량은 셈한 결과가 반드시 자연수로 나타납니다. 이와 반대로 호수에 담긴 물은 따로 떨어져 있지 않고 하나로 이어져 있습니다.

'칼로 물 베기'란 속담처럼 물은 따로 떼어내도 역시 하나로 연결되어 버립니다. 물 한 방울 더하기 물 한 방울이 다시 물 한 방울이 되는 이치입니다. 이러한 양은 '물 하나', '물 둘', '물 셋' 등과 같이 자연수로 셈할 수 없습니다. 물론 크기가 정해진 그릇으로 퍼낼 때 한 컵, 또는 한 그릇과 같이 셀 수는 있으나 이것 역시 정확하게 말하면 세는 것이 아니라 담아내는 것입니다. 이러한 양은 하나하나 떨어져 있지 않고 연속되어 있다는 의미로 '연속량'이라고 합니다.

분리량과 연속량의 의미가 잘 이해가 안 되나요? 그럼 좀 더 쉬운 예를 들어 보죠. 우리가 사과를 셀 때는 '한 개', '두 개', '세 개' 등으로 셀 수 있지요? 그럼 사과의 수는 '분리량'입니다. 그러나 사과를 갈아서 사과 주스를 만들면 어떻게 될까요? 사과 주스를 '한 개', '두 개', '세 개'로 셀 수 있나요? 이처럼 사과 주스는 자연수로 셀 수 없어서 분리량이라 할 수 없습니다. 즉, 낱개로 따로따로 존재하던 것들이 부피나 들이 등으로 변하면 연속량이 되는 것입니다. 다시 말해 연속량이란 아무리 나누거나 합하여도 여전히 원래와 같은 성질을 가지고 있는 것을 말하고 그 오차를 인정하기 위해 근삿값으로 표현합니다.

정환 : 그렇다면 우리의 몸무게는 정확한 값이라기보다는 근삿값이라고 해야겠네요.

 그렇지요.

한들 : 그렇다면 우리의 시력을 1이나 2로 표현하지 않고 1.0, 2.0으로 말하는 것도 근삿값이기 때문이군요.

정환 : 100m 달리기의 기록 같은 속력도 근삿값이고 말이야.

이제 제법인데요. 그래요, 이렇게 우리 주변에는 자연수로 정확히 셀 수 있는 것이 있는 반면에 자연수로 정확히 셀 수 없어 소수나 분수를 이용해서 정확한 답에 최대한 가까이 가기 위해 근삿값으로 나타내는 경우가 있습니다. 이처럼 넓이, 무게, 부피, 길이, 속도 등과 같은 것들은 연속량에 속하는 것들이랍니다.

정환, 한들 : 이제 알았습니다, 선생님.

3. 삼각형 세 내각의 합이 180°인 것을 증명하는 여러 가지 방법

오늘은 삼각자의 재미있는 성질에 대해서 공부하려고 합니다. 먼저 여러분이 준비한 2개의 삼각자에서 똑같은 부분을 찾아봅시다. 자, 어떤 점이 똑같을까요?

학생들은 책상 위에 있는 2개의 삼각자를 들어보거나 겹쳐보면서 여러 가지 생각을 하기 시작했습니다. 교실 안은 조용했고 삼각자를 만지작거리는 소리만 들렸습니다.

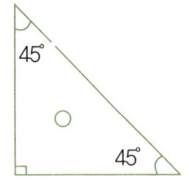
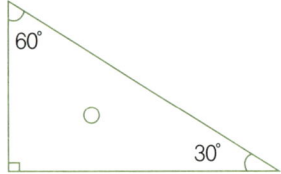

정환 : 둘 다 각이 세 개 있습니다.

지현 : 양쪽 다 둥근 구멍이 있어요.

이 대답에 모두 한바탕 웃음을 터뜨렸습니다.

한들 : 둘 다 직각이 하나씩 있습니다.

 이젠 같은 점이 더 없나요?

경민 : 세 각의 크기를 합한 값이 같다고 생각합니다.

정환 : 그래? 서로 다른 것 같은데요? 저는 세 각의 크기를 합한 값이 똑같지 않다고 생각해요.

 의견이 2가지로 나누어졌군요. 재미있어졌는데요. 하지만 이렇게 책상에 앉아서 토론만 해서는 어느 쪽이 옳은지 알 수 없겠죠? 그렇다면 어떻게 알아봐야 할까요?

지현 : 3개의 각을 각도기로 잰 다음 그 합을 내어 보면 쉽게 알 수 있을 것 같은데요.

학생들은 삼각자 두 개의 각을 재어 보았습니다. 그리고 둘 다 세 각의 합이 180°라는 사실을 알았습니다. 그리고 이것을 다음과 같은 표로 만들었습니다.

각	A 삼각자	B 삼각자
각 1 각 2 각 3	45° 90° 45°	60° 90° 30°
계	180°	180°

하지만 그 중에는 1~2° 정도 틀리게 나오는 일도 있었습니다. 그러나 각도기 반원의 한 가운데를 정확하게 삼각자의 뾰족한 부분에 맞추자 세 각의 합이 180°가 나왔습니다.

 모두 잘했습니다. 그러면 세 각의 합이 180°가 되는 다른 방법을 찾아보도록 합시다. 또 어떤 방법이 있을까요?

정환 : 선생님, 삼각형 모양의 종이를 만든 다음 세 각의 부분은 그냥 두고 세 부분으로 찢은 다음 이 세 조각을 한 직선 위에 다시 맞추면 될 것 같은데요.

정환이가 칠판에 세 조각을 붙여 가며 설명해 볼까요?

정환이는 다음과 같이 설명하기 시작했습니다.

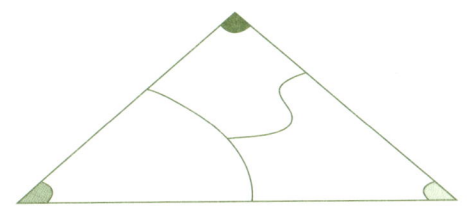

삼각형 모양의 종이를 세 부분으로 찢는다.

세 개의 각이 있는 부분을 한 곳으로 모으면 일직선(180°)이 된다.

 잘했습니다. 또 다른 방법은 없을까요?

지현 : 저도 세 각을 한 곳으로 모으는 방법이긴 한데 삼각형 종이를 찢지 않고도 할 수 있을 것 같아요.

삼각형 종이를 찢지 않고 세 각을 한 곳으로 모을 수 있다고요?

지현 : 네, 삼각형 종이를 다음과 같은 모양으로 접어서 3개의 각을 한 곳으로 모으는 거예요. 그러면 삼각형 종이를 잘라내지 않아도 삼각형의 세 각의 합이 180°인지 알 수 있어요.

 지현이도 칠판에 그리면서 설명을 해 보겠습니까?

지현이는 다음과 같이 설명하기 시작했습니다.

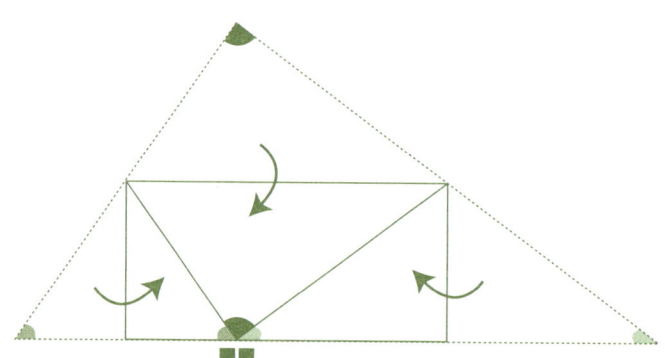

삼각형 종이를 놓고 세 개의 각을 ■■의 부분에 모이도록 접는다.
그러면 일직선(180°)이 된다.

 잘했습니다. 이런 방법도 있군요.

지현 : 선생님, 또 다른 방법도 있나요?

이번에는 선생님이 삼각형의 성질을 발견한 파스칼의 어린 시절 이야기를 들려 주겠습니다.

어느 봄날 따뜻한 바람이 파리의 교외에 조용히 불고 있었습니다. 넓은 들판 속에 서 있는 한 그루의 나무 옆에서 12살쯤 되어 보이는 아이들이 뛰어놀고 있었습니다. 얼마 지나지 않아 한 소년이 싫증이 났는지 무리에서 나와 길가로 갔습니다. 그리고는 평평한 지면에 막대기로 뭔가 열심히 그리기 시작했습니다.

그 소년이 땅바닥에 그리는 것은 삼각형이었습니다. 소년은 옆에 있는 돌에 걸터앉아 삼각형을 바라보더니 삼각형의 변 위에 작고 똑바른 나뭇가지를 올려놓고 그것을 오른쪽으로 돌렸습니다. 나뭇가지의 앞 끝을 놓은 처음 지점에서 나뭇가지를 돌릴 때마다 머릿속으로 각을 더해 나갔습니다. 그런데 세 번 돌렸을 때 나뭇가지의 앞 끝이 처음과 반대 방향을 향하고 있는 게 아닌가! 소년은 '아!' 하고 놀랐습니다. 순간 소년은 무릎을 치며 일어났습니다.

"아! 겨우 알아냈다!"

소년은 집으로 달리기 시작했습니다. 그리고 집 문을 열자마자 아버지에게 말했습니다.

"아버지, 저 재미있는 걸 알아냈어요. 어떤 모양의 삼각형이라도 세 각을 더하면 180°가 된다고요!"

이 말을 들은 아버지는 손에 쥐고 있던 연필을 떨어뜨리며 놀랐습니다. 왜냐하면 그 때 수학자인 아버지도 '삼각형의 세 각의 합이 180°가 된다.'라는 사실을 연구하고 있었기 때문입니다.

정환 : 선생님, 파스칼이 발견한 방법을 좀 더 알기 쉽게 설명해 주세요.

좋습니다. 그러면 여러분은 먼저 A4용지에 삼각형을 크게 그리세요. 모두 그렸습니까? 그리고 짧은 연필을 두 개 준비하세요.

그리고 삼각형 (1)부분에 연필을 그림과 같이 놓으세요. 그리고 또 하나의 연필을 $a°$만큼 돌려서 (2)부분에 놓으십시오. 그리고 (2)부분의 연필을 밀어서 (3)부분으로 옮겨 놓으십시오.

그리고 $b°$만큼 회전을 시켜서

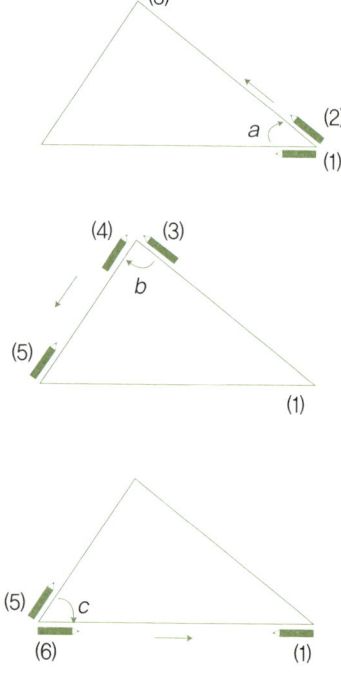

(4)부분으로 이동합니다. 이렇게 하면 연필은 삼각형의 2개의 각을 돌아온 것이 됩니다. 이번에는 (4)부분의 연필을 밀어서 (5)로 옮겨 놓으십시오.

그리고 $c°$만큼 회전시켜서 (6)부분으로 이동합니다. 그리고 (6)에 있는 연필을 밀어서 원래의 자리로 돌아오게 합니다.

지현 : 이렇게 하니까 연필은 삼각형의 세 각을 돌아온 것이 되네요.

 그렇죠. 그러면 연필은 어떻게 되었나요?

한들 : 처음의 연필은 왼쪽을 보고 있었는데 삼각형의 세 각만큼 방향을 바꾸어서 도는 동안 오른쪽을 보게 되었네요.

경민 : 그럼 연필이 180°를 돌았다는 거군요.

그렇습니다. 이 실험을 통해서도 삼각형의 세 각의 합이 180°임을 알 수 있답니다.

4. 원의 비밀은 원주율에 있다

 오늘은 홍 선생과 제자들이 학교 옆에 있는 공원에서 모였습니다. 며칠 후에 있을 운동회에 대비해서 달리기 연습을 하기로 한 것입니다. 공원에는 둥그렇게 만든 연못이 있고 그 가운데에는 분수가 있어 꽤 멋있습니다.

 자, 이제부터 운동회 때 있을 오래달리기에 대비해서 이 연못의 둘레를 달려 봅시다.

정환 : 선생님, 이번 운동회 때 오래달리기는 몇 m를 달리는 건가요?

 이번 운동회 때 오래달리기 코스는 1km입니다.

지현 : 그러면 이 연못의 둘레를 20바퀴 정도 돌면 될 것 같은데.
한들 : 그럼, 이 연못의 한 바퀴가 50m란 말이야?

경민 : 네가 이 연못의 둘레를 직접 재 본 거야?

지현 : 아니, 그냥 대충 50m쯤 될 것 같아서 말이야.

정환 : 그렇다면 우리가 달리기 하기 전에 먼저 이 연못의 둘레의 길이를 알아야 하지 않을까?

그래요. 이 연못의 둘레의 길이를 알아보고 몇 바퀴를 달릴 것인지 결정해야겠지요.

지현 : 이 연못의 둘레의 길이가 얼마인지 어딘가에 쓰여 있지 않을까요? 이 연못을 만든 사람들이 어딘가에 써 두었을 것 같은데요.

그래요. 지금부터 연못 어딘가에 쓰여 있을지도 모를 이 연못에 대한 표지판을 찾아봅시다.

한들 : 선생님, 여기 사각형 대리석에 무엇인가 적혀 있는데요.

모두들 한들이가 가리키는 곳으로 모여들었습니다. 그곳에는 사각형의 대리석 게시판에 '신도시 10주년을 기념하여 만든 연못으로 지름이 10m'라고 적혀 있었습니다.

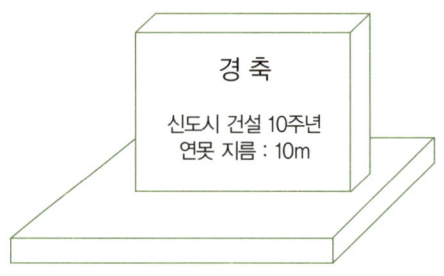

경민 : 연못의 둘레는 적혀 있지 않잖아.

정환 : 얼마나 되는지 알 수 없을까?

지현 : 지난 수학 시간에 원주율에 대해서 공부했잖아.

한들 : 선생님, 원주율은 무엇과 무엇의 비율인가요?

 원주율은 원의 지름과 그 원의 둘레의 길이의 비율을 말하지요.

경민 : 원주율은 약 3.14라고 배웠는데 무슨 뜻인가요?

 모든 원의 둘레는 그 원의 지름의 약 3.14배 길다는 뜻입니다.

정환 : 맞아, 이런 식으로 계산하면 10m의 3.14배니까 연못의 둘레는 31.4m가 되겠구나.

지현 : 하지만 우리는 연못 테두리에서 1m
정도 떨어져서 달리잖아. 그러니까
지름이 11m인 셈이지.

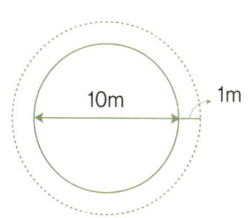

한들 : 잠깐만, 양쪽이 1m씩 늘어나는 거
니까 지름은 12m잖아.

경민 : 그래, 맞다. 지름이 12m인 원의 둘레를 계산하면 되겠네.

학생들은 전자계산기가 없었기 때문에 메모장을 꺼내서 계산하기 시작했습니다. 그리고 12×3.14 = 37.68(m)라는 결과를 얻었습니다.

정환 : 한 바퀴를 돌면 37m 68cm네.

지현 : 그렇게 자세히 말하는 게 오히려 잘못된 거 아닐까? 우리가 지름의 길이가 12m인 원 위를 정확히 달린다고 할 수 없으니까 말이야. 조금씩 좌우로 빗겨갈 때도 있잖아.

그렇지요. 그리고 조금 전에 지름을 12m라고 한 것도 대충 말한 겁니다.

한들 : 그러면 한 바퀴를 38m라고 하면 어떨까요?

경민 : 그래, 그렇게 하자.

정환 : 그럼, 1km를 달리려면 몇 바퀴를 돌아야 하지?

지현 : 1km, 즉 1000m를 38m로 나누면 돼.

한들 : 그렇구나. 1000÷38을 계산하면 되지. 내가 해 볼게. 그러니까 26.31… 정도네.

경민 : 그럼, 26바퀴나 27바퀴를 돌면 대충 1km가 되는 거구나.

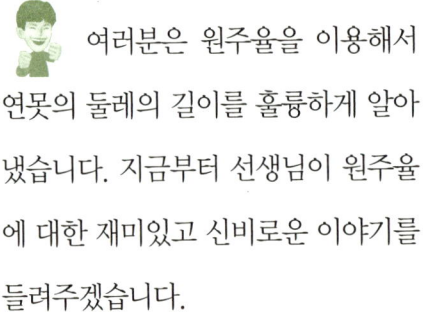 여러분은 원주율을 이용해서 연못의 둘레의 길이를 훌륭하게 알아냈습니다. 지금부터 선생님이 원주율에 대한 재미있고 신비로운 이야기를 들려주겠습니다.

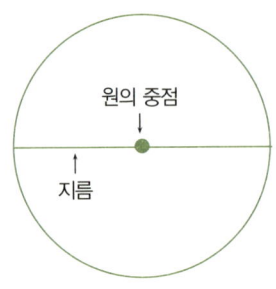

원의 중심을 지나는 직선을 원 둘레까지 그으면 원을 두 개로 나눈 듯한 선이 나타납니다. 이 선이 원의 '지름' 입니다.

지름은 직선이라 길이를 재기 쉽습니다. 그런데 원의 둘레는 그렇지 않죠? 원의 둘레에 딱 맞아떨어지는 동그란 자는 어디를 가도 살 수가 없답니다. 그래서 원의 둘레의 길이를 재는 것이 여간 어려운 일이 아닙니다.

옛날부터 원에 대해서는 세계의 많은 나라, 많은 수학자가 상당히 많은 연구를 했습니다. 그러나 원의 둘레의 길이를 정확히 재기란 쉽지 않았습니다. 다행히 사람들은 원 둘레, 즉 원주가 지름의 몇 배가 되는지, 그리고 어떤 원이든지 이 공식이 똑같이 적용된다는 사실을 알게 되었습니다. 그래서 지름의 길이에 3.14를 곱하면 그 원의 둘레의 길이를 계산해 낼 수 있게 된 것입니다. 이처럼 원주율은 '이 원의 실제의 둘레의 길이는 얼마나 될까?' 라는 의문에서 시작된 것입니다.

예수님이 태어나기 전에 쓰인 《구약성서》에는 솔로몬 성당 앞 정원에 있는 큰 분수의 지름이 10에레(옛날 길이를 재던 단위)이고 둘레는 30에레라고 기록이 되어 있습니다. 이것은 아마도 그 당시에는 원의 둘레가 지름의 3배 정도라고 생각해서 계산한 것으로 추측됩니다.

정환 : 결국 정확한 원의 둘레의 길이나 원의 넓이는 원주율을 얼마나 정확하게 구하느냐가 관건이 되는군요.

그렇지요. 《구약성서》에 나온 수치는 대충 계산한 것으로, 아주 옛날부터 원주율은 여러 가지 방법으로 계산됐답니다. 옛날 이집트의 아메스라는 사람은 《린드파피루스》라는 책에서 '원의 넓이는 그 지름을 한 변으로 하는 정사각형의 넓이와 같다.' 라고 기록해 놓았다는군요.

지름의 $\frac{8}{9}$은 반지름을 기준으로 하면 $\frac{16}{9}$이 됩니다. 이것을 한 변으로 하는 정사각형의 면적은 $\frac{16}{9} \times \frac{16}{9}$이 되며, 이것을 계산하면 3.16049…가 됩니다. 기원전 200년경의 이집트 수학자들은 이것이 원

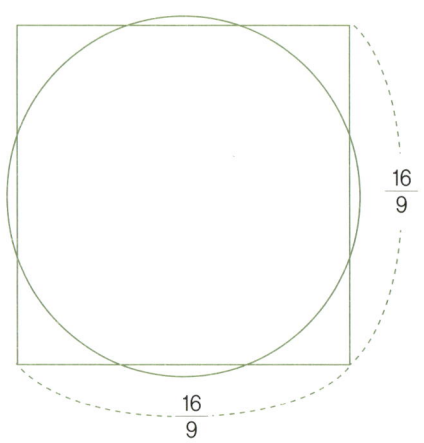

주율일 것으로 생각했습니다. 그리고 그 당시 이집트의 기술자들은 이 숫자를 사용했습니다.

기원전 212년에 죽은 아르키메데스는 정96각형의 면적을 계산하면서 원주율이 3.14085와 3.142857 사이에 있다는 사실을 발견했습니다. 이 3.142857은 $\frac{22}{7}$를 소수로 고친 수이기도 합니다. 즉, $\frac{22}{7}\left(3\frac{1}{7}\right)$는 원주율에 가까운 분수로서 오랫동안 유용하게 사용되었답니다.

지현 : 그런데 원주율을 한 자 한 자 다 쓰면 너무나도 불편할 것 같은데요?

 그래서 세상 사람들은 원주율을 간편하게 π 라는 글자로 표시합니다. 이것을 '파이'라고 읽어요. 파이의 정확한 크기를 소수점 29자리

까지 써보면 다음과 같습니다.

3.14159265358979323846264383279…

한들 : 선생님, 그럼 원주율은 소수 몇 자리까지 있는 건가요?

원주율의 소수점은 끝이 없습니다. 20세기 이후에는 컴퓨터가 발달해 원주율을 굉장히 빨리 계산할 수 있게 되었고, 계산된 π의 소수점 자리 수도 점점 늘어나고 있습니다. 하지만 일상생활에서는 이렇게 자세히 알 필요는 없습니다.

보통 π는 3.14로 계산하면 되고 이렇게 계산하더라도 정확한 숫자와 2000분의 1밖에 차이가 없으니까요.

경민 : 그렇다면 2m 길이를 그리거나 잴 때도 1mm 밖에 오차가 없단 말씀이네요.

그렇습니다. 그리고 아르키메데스가 원주율로 사용했던 $\frac{22}{7}$는 더 정확해서 약 2500 분의 1의 오차밖에 나지 않습니다. 그러므로 우리가 일상생활에서 물건을 만들 때에도 3.14나 $\frac{22}{7}$ 둘 중의 하나만 사용해도 99.95% 정확한 물건을 만들어 낼 수 있다는 것입니다.

정환 : 오늘 원주율을 공부하면서 수학에서는 언제나 정확한 값만 요구하는 줄 알았는데, 100% 정확한 값을 모를 경우 가능한 정확한 값에 가까운 근삿값을 찾으려 했던 수학자들의 노력을 알게 되었습니다.

현지 : 저는 여태까지 근삿값이라 하면 부정확한 값으로만 알았는데 어떻게 된 거죠?

우리가 보통 생활에서 사용하는 '근사하다.' 라는 말의 의미를 생각해 보세요.

한들 : 그래요. 마음에 드는 물건을 발견했을 때 '이 물건 참 근사하다!' 라고 말하곤 했어요.

경민 : 맞아요! 얼마 전에 친구랑 길을 걷다가 친구가 어떤 여자를 발견하고는 '저 여자 참 근사하다.' 라고 말하는 거예요. 이 말의 의미는 저 여자는 자기가 생각하는 이상형에 매우 가깝다는 뜻일 거예요. 나는 별로인데 말이죠.

근삿값이란 정확한 값 또는 기준에 해당하는 값에 매우 가까운 수로써 우리 생활에 없어서는 안 되는 매우 중요한 수학적 개념이랍니다.

5. 생활에서 볼 수 있는 도형 속에 들어 있는 지혜로움

무더운 여름에는 음료수를 많이 먹게 됩니다. 그런데 이런 음료수 캔의 모양은 대부분이 원기둥 모양을 하고 있습니다. 왜 그럴까요?

정환 : 음료수를 만드는 회사 입장에서는 같은 양의 음료수를 담아야 한다면, 그 그릇을 만드는 재료비를 줄여야 하기 때문이 아닐까요?

그렇겠죠. 그렇다면 실제로 어떤 모양의 용기가 재료비를 적게 들이고도 많은 양의 음료수를 담을 수 있는지 확인해 봅시다. 먼저 다음의 그림과 같은 3가지의 용기가 있다고 합시다.

그리고 이 세 용기의 높이는 똑같고, 밑면의 넓이가 100cm²로 똑같다고 합시다. 그러면 먼저 밑면이 정사각형 모양의 (가) 용기에서 한 변의 길이는 얼마나 될까요?

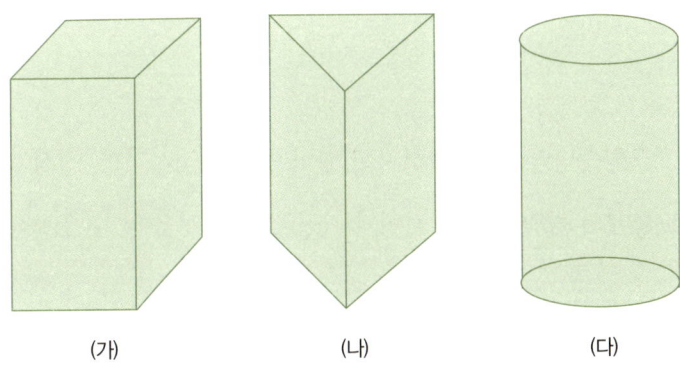

(가)　　　　　　(나)　　　　　　(다)

지현 : 넓이가 100cm²인 정사각형의 한 변의 길이는 10cm이고 따라서 정사각형의 둘레의 길이는 40cm되요.

좋습니다. 그렇다면 밑면이 정삼각형인 삼각기둥 모양의 (나) 용기에서 정삼각형의 둘레의 길이는 얼마나 될까요?

한들 : 삼각형의 넓이를 구하는 방법을 이용하면 100cm²인 넓이를 가진 정삼각형의 둘레의 길이는 45.6cm가 되요.

마지막으로 밑면이 원인 원기둥 모양의 (다) 용기에서 원의 둘레의 길이는 얼마나 될까요?

경민 : 100cm²인 넓이를 가진 원의 둘레의 길이는 약 35.4cm 밖에

안 되요.

그렇습니다. 다시 말하자면 넓이가 같은 정사각형, 정삼각형, 원 등의 도형에서 원의 둘레의 길이가 가장 짧다는 것을 알 수 있습니다.

정환 : 그렇다면 같은 넓이, 같은 재료를 가지고 다양한 모양으로 그릇을 만든다면, 공처럼 된 구가 가장 큰 부피를 가지지 않을까요?

맞습니다. 그러나 경제적인 면만을 생각해서 최소의 재료비로 만든 물건이 가장 잘 팔리는 것은 아닙니다. 디자인이나 모양도 생각해야 합니다. 그리고 공 모양의 물건은 세워서 진열하기가 어렵고 만드는 과정이 복잡해질 수 있기 때문에 음료수 캔은 원기둥 모양으로 만드는 것입니다.

지현 : 길을 지나가다 보면 흔히 보이는 맨홀 뚜껑은 항상 모두가 원 모양입니다. 아니 정확히 말하면 원기둥 모양인데 왜 맨홀 뚜껑은 둥글까요? 세모 모양이나 별 모양의 뚜껑이라면 더 개성적일 텐데 말이예요.

그 이유는 만약 맨홀 뚜껑이 삼각형이나 사각형으로 만들어져 있다면 한 변의 길이보다 대각선의 길이가 더 길어서 뚜껑이 구멍 속으로 빠질 수 있습니다. 그러나 원은 지름이 항상 일정하기 때문에 절대 빠지지 않기 때문입니다.

한들 : 그렇다면 왜 꿀벌은 자신들의 집을 원 모양으로 짓지 않고 정육각형 모양으로 지을까요?

그것은 꿀벌들의 집은 하나로 끝나지 않고 계속 이어져야 하는데 원 모양으로 집을 짓는다면 원과 원 사이에 빈 공간이 많이 생길 것입니다.

한들 : 그리고 원 모양으로 집을 짓는다면 꿀을 잘못 저장하여 많은 부분이 바닥으로 흘러내리는 불상사가 생길 수도 있겠네요.

그렇습니다. 따라서 여러 개의 똑같은 도형을 이어 붙였을 때 사이가 빈틈없이 될 수 있는 모양으로 집을 지어야 하는데, 이런 조건을 만족하게 하는 도형은 정삼각형, 정사각형, 정육각형 이렇게 세 가지밖에 없습니다. 이 중에서 정육각형이 다른 도형보다는 원 모양에 가깝기 때문에 가장 경제적입니다.

경민 : 그런데 대부분의 새알을 관찰하면 원뿔 모양을 하고 있어요. 특히 제비는 원뿔 모양에 매우 가까운 알을 낳는다고 하는데 그 이유는 무엇일까요?

제비알의 생김새는 달걀보다 한 쪽이 더 길고 뾰족한데, 실제로 제비처럼 높은 곳에 알을 낳는 새들은 원뿔 모양의 알을 낳는다고 합니다.

정환 : 원뿔 모양의 알을 낳는 이유는 무엇인가요?

만약 알이 네모졌거나 세모지면 어미가 알을 품기 너무 불편하고 힘들 것입니다. 또 모서리끼리 부딪쳐 깨질 위험도 커지게 될 것입니다.

지현 : 그렇다면 새알이 공 모양이거나 원기둥 모양이라면 더 좋지 않을까요?

그렇지 않습니다. 왜냐하면 어미가 실수라도 하면 계속 굴러가다 밑으로 떨어지기 때문입니다.

한들 : 그럼 새알이 이처럼 원뿔 모양으로 생긴 데는 특별한 이유가 있다는 말씀이군요?

그렇습니다. 원뿔은 뾰족한 끝점, 즉 꼭짓점 주위를 원을 그리며 도는데 새알을 굴려보면 새알은 꼭짓점을 중심으로 둥글게 돌뿐 둥지 아래로 굴러 떨어지지 않습니다. 그리고 이런 모양은 알과 알 사이의 빈틈도 적어서 어미가 알을 품을 때 열 손실이 줄어드는 효과도 있습니다. 즉, 새알이 원뿔 모양인 이유는 실용적인 측면과 안전 대책을 고려한 끝에 만들어진 것이라고 할 수 있습니다.

6. 근삿값을 구하는 이유는 무엇인가?

 이번 시간에는 근삿값에 대해서 깊이 있게 공부해 보겠습니다.

정환 : 근사라는 말은 '참에 가깝다.' 라는 뜻을 지닌 한자어입니다.
지현 : 그렇다면 근삿값이란 '참에 가까운 값' 이라는 뜻이겠군요.

그렇습니다. 그리고 참값과 근삿값의 차이를 '오차' 라고 부르는데, 오차를 구하는 방법은 근삿값에서 참값을 빼면 됩니다. 따라서 오차가 크면 클수록 참값과 거리가 멀다는 뜻이므로 정확한 값을 구하기 위해서는 오차가 작을수록 좋습니다.

한들 : 오차는 양수로 나타날 때도 있지만, 음수로 나타날 수도 있지 않나요?

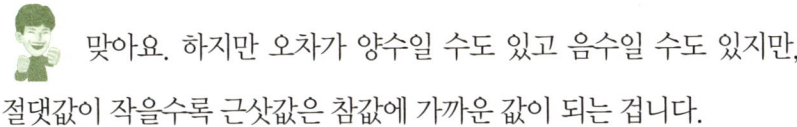 맞아요. 하지만 오차가 양수일 수도 있고 음수일 수도 있지만, 절댓값이 작을수록 근삿값은 참값에 가까운 값이 되는 겁니다.

경민 : 선생님께선 현실세계에서도 모든 값을 정확하게 구하지 못하는 경우가 더 많다고 하셨어요.

그 말은 맞는 말입니다. 실제로 현실세계에서는 정확한 값을 구할 수 있는 것보다 정확한 값을 구할 수 없는 것들이 훨씬 많습니다.

경민 : 그렇다면 그런 경우에는 근삿값밖에 구할 수 없는 것이 아닌가요?

그럴 경우 우리는 오차를 정확히 구할 수 없게 됩니다. 왜냐하면 참값을 알 수 없으므로 오차를 구하지 못하는 것은 당연한 것이 됩니다.

정환 : 우리 주변에서 참값을 구할 수 없는 경우를 예로 들어주세요?

좋습니다. 가령 누가 만일 15살짜리 학생에게 '올해 몇 살이니?' 라고 묻는다면 학생은 '15살이에요.' 라고 대답할 것입니다. 물론

이 대답은 맞습니다. 하지만 15살이라는 것은 학생 나이의 근삿값으로서 완전히 정확한 값이 아니라는 것입니다.

지현 : 또 다른 15살짜리 학생이 있다면, 그리고 이 둘의 나이를 정확하게 비교하려면 어느 달에 태어났는가를 알아야 한다는 뜻이군요.

그렇지요. 한 학생은 자신의 나이가 15살 3개월이라고 말하고, 다른 학생은 15살 6개월이라고 한다면, 두 사람의 나이에도 3개월이라는 오차가 생기는 것입니다.

한들 : 만약 두 사람이 모두 같은 달에 태어났다면, 이때에는 생일날까지 정확히 비교해야 된다는 말이 되겠군요.

그럴 때에는 15살 몇 개월 며칠이라는 것까지 알아야 누가 더 나이가 많은지 알 수 있는 것입니다. 예를 들어 쌍둥이 자매가 있다고 합시다. 그러면 언니의 나이는 동생보다 몇 시간, 몇 분 더 먼저 태어났기 때문에 그들의 나이를 비교하려면 몇 살, 몇 달, 며칠, 몇 시간, 몇 분이라는 것까지 정확하게 말하여야 합니다.

경민 : 더 나아가 1분으로 60초로 나눌 수 있고, 1초를 또 …로 무한히 나눌 수 있지 않나요?

그래서 우리의 나이는 그렇게까지 정확하게 나타낼 필요가 없고, 그저 근삿값으로 몇 살이라고만 해도 된다는 것입니다.

정환 : 우리 주변에서 만날 수 있는 또 다른 근삿값에는 어떤 것들이 있나요?

몸무게, 키, 물건의 길이 등도 모두 눈금으로 측정하는 것이므로 모두 근삿값입니다. 그런데 어떤 근삿값을 보았을 때, 어디서 반올림해서 구해진 것인지를 즉, 어떤 것이 반올림이 안 된 부분인지를 알 필요가 있는 것입니다. 그래서 우리는 '유효숫자'라는 것을 배우는 것입니다.

지현 : 유효숫자라니요?

어떤 수를 반올림에 의해 근삿값을 잡을 때, 이렇게 반올림되지 않은 부분의 의미가 있는 각 숫자를 '유효숫자'라고 합니다. 즉, 의미 있다는 뜻으로 '유효하다.'라는 말을 쓰는 것입니다.

한들 : 유효숫자에 대해 좀 더 이야기해 주세요.

예를 들어 어떤 자동차의 길이가 496cm라고 해 봅시다. 이 수를 일의 자리와 십의 자리 이하를 반올림하여 얻는 근삿값은 각각 얼마일까요?

경민 : 일의 자리에서 반올림하면 496cm는 500cm가 됩니다. 십의 자리에서 반올림해도 496cm는 500cm가 되는데요.

이럴 경우 근삿값이 같기 때문에 500cm만 알고 있을 때는 어디에서 반올림했는지 알 수가 없습니다.

지현 : 그러니까 근삿값만을 알면 어디서 반올림했는지 알 수 없다는 것이군요?

그래서 유효숫자가 필요한 것인데 유효숫자를 알면 무엇이 반올림되지 않은 숫자인지 알게 되고, 따라서 반올림한 자리를 알게 됩니다. 즉, 일의 자리에서 반올림한 경우, 근삿값 500cm에서 일의 자리를 제외한 5와 0이 유효숫자이고, 십의 자리에서 반올림한 경우, 근삿값 500cm에서 일의 자리와 십의 자리를 제외한 5가 유효숫자인 것입니다.

7. 달력은 어떻게 만들어진 것인가?

이번 시간에는 달력에 대해서 공부하려고 하는데 혹시 달력에 대해서 궁금한 점이 있었던 사람 없나요?

정환 : 달력은 언제부터 만들어 사용했는지, 누가 만들었는지 궁금해요.

지현 : 저는 다른 달은 다 30일이나 31일인데 2월만 28일인 게 이상해요. 왜 그렇죠?

한들 : 그리고 4년마다 한 번씩은 2월이 29일이잖아요. 왜 그런 거죠?

경민 : 저는 우리가 사용하는 것이 십진법인데 1년을 10달로 나누지 않고 12달로 나눈 이유도 궁금합니다. 만약 1년을 10달로 나누면 한 달이 지금의 30일이나 31일이 아니고 36일이나 37일이 되었을 텐데 말이죠. 그렇게 되면 지금의 크리스마스도 12

월 25일이 아니고, 10월 32일쯤 되었을 테고 말이에요.

달력에 대해서 궁금한 점이 이렇게 많은 줄 몰랐습니다. 좋아요. 그럼 지금부터 달력에 대해 알아보도록 합시다.

옛날 세계 여러 나라에서는 달(月)이 변하는 모습을 기준으로 만든 달력을 사용하고 있었습니다. 그러다가 약 2700년 전 로마의 누마 왕이 계절이 변하는 것에 착안하여 처음으로 1년을 355일 12달로 정하고, 마르티우스, 아프릴리스, …, 야스아리누스, 훼블아리우스라는 이름을 붙여서 사용하기 시작했습니다.

경민 : 선생님, 1년을 10달로 정하지 않은 이유는 뭔가요?

그건 아마도 그때 당시 유럽에서는 12진법을 사용하고 있었기 때문일 거예요.

정환 : 그럼 우리가 현재 사용하는 달력은 누마 왕이 만든 것인가요?

아닙니다. 누마 왕이 만든 달력도 여러 가지로 불편한 점이 많았습니다. 그래서 후에 줄리어스 시저가 이집트 원정길에 나섰다가 이집트에 있는 천문학자 소시게네스를 데리고 로마로 돌아왔어요. 그리고 시저는 좀 더 완전한 달력을 만들기 위해서 소시게네스에게 새로운 달력을 만들도록 명령했지요. 소시게네스는 지구가 태양을 한 바퀴 도는 데 365일 6시간이 걸린다는 것을 발견하고 이것을 이용하여 달력을 만들었어요. 그리고 그는 남는 6시간을 생략하고 1년을 365일로 정했습니다.

지현 : 남는 6시간을 버렸다고요? 하지만 1년에 6시간이라 해도 4년 동안이면 24시간이 되어서 하루가 없어지게 되는데 그래도 괜찮은 건가요?

그렇지요. 4년마다 6시간이 모여 하루가 되기 때문에 4년마다 일 년을 366일로 정하고 이 해를 '윤년'으로 정했어요.

한들 : 윤년인 해는 어떤 달에 늘어난 하루를 더하였나요?

소시게네스는 처음에 달력을 만들 때 다음과 같은 원칙을 세웠습니다. 즉, 1월을 31일, 2월은 30일, 3월은 31일, 4월은 30일처럼, 홀수 달을 31일, 짝수 달을 30일로 정했습니다.

경민 : 하지만 이렇게 하면 1년이 366일이 되어버리잖아요?

그래서 어쩔 수 없이 첫 번째로 일수가 적은 2월을 29일로 하게 되었습니다. 그리고 4년마다 돌아오는 윤년에만 2월을 30일로 하였답니다. 이 태양력은 서기 46년에 완성되었으며, 줄리어스 시저의 이름을 따서 줄리어스력(율리우스력)이라 부르게 되었어요.

이때 로마의 원로원에서는 오랫동안 시저의 이름을 기념하기 위해 시저가 태어난 7월의 명칭을 줄리어스를 인용하여 '줄라이(July)'라고 부르기로 했습니다.

정환 : 그런데 이상하네요. 우리가 사용하는 달력에는 평년의 2월은 28일이잖아요?

지현 : 맞아. 그리고 짝수 달은 30일로 정했다고 했는데, 8월은 31일이잖아요. 왜 그런 거죠?

정말 날카로운 지적이네요. 사실은 줄리어스 시저가 죽은 뒤 황제가 된 오거스타스 시저는 자신이 태어난 8월의 명칭을 자신의 이름을 따서 '오거스트(August)'라고 했는데, 8월이 30일밖에 되지 않는 게 맘에 들지 않아서 큰 달인 31일로 고쳐 버린 거예요.

한들 : 아무리 왕이지만 자기 맘대로 8월의 명칭을 바꾼다든지, 8월의 날 수를 늘리는 것은 너무 심한 것 아닌가요?

경민 : 왕이니까 그렇게 할 수 있다손 치더라도 8월의 날 수를 늘리면 어떤 달의 날 수를 또 줄여야 하지 않을까요?

그렇지요. 그렇게 하면 또 1년의 날수가 366일이 되어 버리죠? 그래서 또 하루를 줄여야만 했는데, 그 당시 유럽에서는 숫자 2가 악마의 수라 하여, 지옥의 신이란 이름(훼블아리우스)이 붙어 있는 2월은 짧아도 상관없다고 생각해서 2월을 28일로 줄여버리기로 했답니다.

정환 : 그렇다면 이렇게 완성하였다면 7월, 8월, 9월이 모두 31일이 되어 31일이 석 달이나 이어지게 되는데요?

지현 : 현재 우리가 사용하는 달력에는 9월이 30일로 되어 있는데요.

그래서 이처럼 8월을 31일로 바꾸다 보니 7월, 8월, 9월의 석 달이 연속 31일로 이어지게 되어 지금까지의 원칙과는 반대로 홀수 달인 9월을 30일, 짝수 달인 10월은 31일, 11월을 30일, 12월을 31일로 하기로 한 거예요.

한들 : 아하! 그래서 평년의 2월이 보통의 작은 달보다 이틀이나 더 짧은 28일이 된거군요.

경민 : 그리고 홀수 달은 큰 달이고 짝수 달은 작은 달인 원칙도 8월

이후부터는 반대가 된 셈이군요.

 로마의 황제들은 자기들의 강한 권력을 이용하여 자기 마음대로 달력을 바꾸고 만들었다는 사실도 알게 되었지요?

3장 문자와 식

1. 산수와 수학의 차이점은 무엇인가?
2. 문자를 사용하면 편리해지는 수학
3. 수학의 기호는 사고의 낭비를 막아준다
4. 연립방정식의 의미를 알아보자

1. 산수와 수학의 차이점은 무엇인가?

몇 해 전까지만 해도 수학은 '산수'와 '수학'으로 나누어져 있었습니다. 즉, 초등학교 과정까지는 산수라고 불렀고, 중학교 과정부터는 수학이라는 용어를 사용했습니다.

정환 : 그렇다면 산수와 수학으로 구별하는 기준은 무엇인가요?

산수와 수학의 차이점은 숫자 대신 문자를 사용하느냐, 그렇지 않느냐에 있다고 볼 수 있습니다.

즉, 산수는 계산을 숫자로써 하는 것을 말하며, 수학은 계산을 숫자 대신 문자로써 하는 것을 말합니다.

지현 : 잘 이해가 안 되는데 구체적인 예를 보여 주세요.

좋습니다. 예를 들어 3×4와 4×3은 계산의 결과가 12로 같기 때문에 3 곱하기 4는 교환법칙이 성립한다고 말할 수 있습니다. 그런데 이러한 특수한 상황을 곱셈의 대상인 3과 4 같은 수 대신에 a와 b 같은 문자로 바꾸어 주면 $a \times b$는 $b \times a$와 같이 모든 수에서 교환법칙이 성립함을 설명할 수 있습니다.

경민 : 그러니까 숫자를 예를 들면 많은 수를 예로 들어야 하는데, 문자를 사용하면 그럴 필요가 없다는 것인가요?

그렇습니다. 특정한 수 또는 모든 수 대신에 a와 b 같은 문자를 사용하면 수학적인 설명을 간단하게 할 수 있다는 장점이 있습니다. 그리고 수학에서는 문자를 사용하여 어떤 내용을 나타내는 것을 아주 당연하게 생각하고 있습니다.

자, 이제 여러분은 다음과 같은 삼각형의 넓이를 구해 보세요.

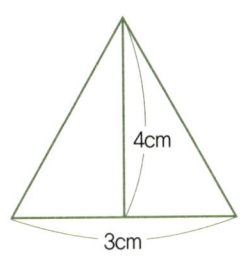

한들 : 삼각형의 넓이는 '밑변×높이÷2'로 구할 수 있으므로
$3 \times 4 \div 2 = 6(\text{cm}^2)$가 됩니다.

이번에는 위와 같은 특수한 삼각형 대신에 밑변의 길이가 a이고, 높이가 b인 다음과 같은 삼각형의 넓이를 구해 보세요.

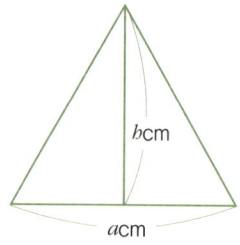

정환 : 삼각형의 넓이의 공식대로 하면 $a \times b \div 2$가 됩니다.

그렇습니다. 이처럼 수를 문자로 바꾸면 언제나 똑같은 방법으로 삼각형의 넓이를 계산할 수 있다는 장점이 있습니다.

지현 : 그렇다면 이렇게 문자로 나타낸 식을 '공식'이라고 하는 것인가요?

그렇지요. 수학에서 중요한 역할을 담당하는 공식은 수를 문자로 바꾸어 놓는다는 아이디어를 바탕으로 하는 것이지요. 다시 말해 공식은 긴 말로 설명된 것을 간단한 문자식으로 나타낸 것이며, 문자식의 발전은 수학이 획기적으로 발전하는 데 큰 공헌을 한 셈이지요.

경민 : 그렇다면 이처럼 숫자 대신 문자를 처음으로 사용한 사람은 누구인가요?

문자에 대한 아이디어를 생각해 낸 사람은 알렉산드리아의 디오판토스라는 사람입니다. 디오판토스가 언제 태어나서 언제 죽었는지 그리고 어디서 어떻게 살았는지는 전해 내려오는 이야기가 전혀 없습니다. 다만 그의 저서를 통해 그가 수학적으로 얼마나 큰 업적을 남겼는지 알 정도입니다. 그의 가장 큰 업적 중의 하나는 오늘날과 같은 방법으로 문자를 써서 식을 만들어 방정식을 풀었다는 것입니다.

한들 : 숫자 대신 문자를 이용해서 미지수를 구하는 식을 방정식이라고 하셨는데, 방정식에서 a나 b 등과 같은 문자를 사용하지 않고 x라는 문자를 사용한 이유는 무엇인가요?

방정식에서 x라는 문자를 사용한 것은 데카르트라는 사람입니다. 데카르트는 어느 날 수학 논문을 완성하고 인쇄소를 찾았습니다. 자신의 논문을 책으로 만들기 위해서였습니다. 그런데 데카르트는 이 논문에서 우리가 이미 알고 있는 숫자와 아직 정확히 알지 못하는 숫자를 구별해서 사용하고 있었는데, 그 중에 아직 알지 못하는 숫자를 한 가지 문자로 결정해서 사용하고 있었습니다. 그런데 이 인쇄소 직원은 자기네 인쇄소에서 사용하는 활자 중에서 x가 다른 활자에 비해 여분이 많으므로 데카르트가 사용한 문자 대신 x를 사용해도 되겠느냐고 물었고, 이에 데카르트가 동의하면서 알파벳 26자 중에서 x를 미지수로 사용하게 된 것입니다.

정환 : 그렇다면 방정식은 언제부터 만들어서 사용하기 시작한 걸까요? 디오판토스가 방정식을 처음 만들어서 사용한 거예요?

아닙니다. 지금으로부터 4000년 전의 이집트에서는 미지수를 '아하(hau)'라고 하는 문제들을 만들어 사용했는데, 이것이 수학적 지식으로 본다면 방정식입니다.

지현 : 아하라는 문제라뇨?

예를 들어 '아하와 아하의 $\frac{1}{7}$의 합이 19일 때, 아하를 구하시오.'와 같은 문제인데 아하의 값을 구하기 위해서 적당한 값을 어림짐작하여 아하 대신 넣어서 계산하는 방법으로 이러한 방법을 '가정법'이라고 합니다.

경민 : 적당한 숫자를 넣어서 구한 답은 정확하지 않을 수가 있지 않을까요?

그렇습니다. 따라서 이렇게 부정확한 답이 나올 때는 새롭게 짐작한 다른 숫자를 넣어 계산하는 일을 반복하면서 정답과의 차이를 조금씩 줄여나가는 것을 가정법이라고 하는 것입니다.

한들 : 이집트인들의 방법은 계산 과정이 복잡하고 지루하기 짝이 없는데요, 그렇다면 방정식을 이집트인들이 사용했던 가정법과 달리 시행 착오 없이 간단하게 해결하는 방법은 없을까요?

정환 : 초등학교 저학년 때 3+□=7과 같이 어떤 식에서 모르는 것을 나타낼 때, □와 같은 기호를 사용한 기억이 나는데 이것도 방정식이라고 할 수 있나요?

그렇습니다. 이집트인들이 사용했던 복잡한 과정을 거치지 않고 한 번에 풀 수 있도록 아이디어를 제공한 사람이 바로 '대수학의 아버지'라고 불리는 디오판토스입니다.

지현 : 대수학이란 큰 수학이란 뜻인가요?

아니에요. 대수학이란 큰 수학이란 뜻이 아니고, 숫자 대신 문자를 사용하는 수학이란 뜻입니다. 즉, 디오판토스는 모르는 숫자 대신 x라는 문자를 사용하여 식을 만들어 풀 수 있는 방법을 생각해 냈습니다.

모르는 수를 x라고 놓고, 식을 만들어 푸는 방법을 생각해 낸 디오판토스의 창의성은 대단히 놀랄 만한 일이었습니다. 즉, 모르는 것을 마치 아는 것처럼 생각하는 것은 사고의 대전환이 필요하기 때문입니다.

경민 : 모르는 것을 아는 것처럼 생각한다는 것이 무엇인지 정확히 이해가 안 되요. 예를 들어 주실 수 있나요?

대수학의 예를 들어 보겠습니다. 사과와 배를 합하여 20개를 샀다고 합시다. 이때, 사과의 개수를 x라고 한다면 배의 개수는 몇 개가 될까요?

경인 : 사과와 배를 합해서 20개라고 했으므로, (사과의 개수) + (배의

개수) = 20이라는 식을 만들 수 있어요. 그리고 사과의 개수를 x라고 했으므로 다시 식을 만들면, $x +$ (배의 개수) = 20이라는 식을 만들 수 있어요. 따라서 (배의 개수) = $20-x$라고 할 수 있겠는데요.

그렇습니다. 사과의 개수를 x라고 정하면, 배의 개수도 $20-x$로 정해지는데 이러한 사고의 전환은 수학적으로 매우 획기적인 발상이었습니다.

한들 : 숫자 대신 문자를 사용함으로써 문제를 쉽게 해결할 수 있는 또 다른 예를 보여 주실 수 있나요?

자, 그럼 지금부터 여러분과 함께 대수의 위력을 알아보는 시간을 가져보겠습니다. 여러분은 머릿속으로 어떤 수를 하나 생각하십시오. 그 수는 한 자리 수여도 되고 두 자리 수여도 상관없습니다. 또 소수이거나 분수여도 좋습니다. 자, 결정했습니까? 결정했다면 다음 과 같은 순서로 계산해 봅시다.

첫째, 자기가 생각한 수에 4를 더한다.
둘째, 그 수에 2를 곱한다.
셋째, 거기에서 1을 뺀다.

넷째, 그것을 다시 2로 나눈다.

마지막으로, 처음에 자기가 생각한 수를 뺀다.

순서대로 계산을 해 보았나요? 어떤 답이 나왔지요?

정환 : 저는 1이 나왔습니다.

지현 : 저도 1인데요?

경민 : 저도요.

한들 : 저도 1이 나왔는데, 왜 이런 결과가 나온 건가요?

 앞의 과정을 그림으로 나타내면 쉽게 이해할 수 있습니다.

− 하나의 수를 생각하자. : ☆

− 거기에 4를 더한다. : ☆○○○○

− 그것을 2배 한다. : ☆○○○○
　　　　　　　　　☆○○○○

− 거기서 6을 뺀다. : ☆○
　　　　　　　　　☆○

− 이것을 다시 2로 나눈다. : ☆○

− 거기서 처음 생각한 수를 뺀다. : ○

정환 : 위의 그림에서 보면 우리가 어떤 수를 선택하더라도 결국 결

과는 1이 되는군요.

그렇습니다. 복잡해 보이는 계산 과정도 그림을 사용하면 아주 쉽게 해결할 수 있습니다.

지현 : 그렇지만 여기서 사용한 별이나 동그라미 등의 그림은 실제 수학 계산에서는 사용하기가 불편하지 않을까요?

그래서 수학자들은 이런 경우에 그림 대신 문자를 써서 문자식으로 나타내어 계산합니다. 위의 과정을 그림 대신 문자 x를 사용하여 나타내면 다음과 같습니다.

- 하나의 수를 생각하자. : x
- 거기에 4를 더한다. : $x+4$
- 그것을 2배 한다. : $2(x+4)$ 또는 $2x+8$
- 거기서 6을 뺀다. : $2x+2$
- 이것을 다시 2로 나눈다. : $x+1$
- 거기서 처음 생각한 수를 뺀다. : 1

경민 : 이처럼 문자를 사용하면 복잡하고 어려워 보이는 문제도 쉽게 이해가 되고 해결이 되는군요. 감사합니다.

2. 문자를 사용하면 편리해지는 수학

이번 시간에는 지난 시간에 이어서 여러분과 함께 문자의 위력을 알아보려는 시간을 가져보려고 합니다.

문자의 사용이 가져다주는 편리함에 대해 게임을 통해서 알아보도록 하겠습니다.

학생들 : 어떤 게임인가요?

그럼, 지금부터 대수의 위력을 알아볼까요? 우선 머릿속으로 어떤 수를 하나 생각해 보세요. 자, 결정했습니까?

학생들 : 예, 결정했어요.

결정했다면 지금부터 다음과 같은 순서로 계산해 봅시다.

첫째, 자기가 생각한 수에 3을 곱한다.

둘째, 처음 생각한 수보다 1 큰 수를 더한다.

셋째, 거기에서 다시 11을 더한다.

넷째, 그것을 다시 4로 나눈다.

마지막으로, 거기서 3을 뺀다.

순서대로 계산해 보았나요? 각자의 결과를 말해보세요.

학생들 : 우리 모두의 결과는 처음에 생각했던 수입니다.

  여러분은 각자가 처음에 어떤 수를 선택하였던지 그 결과는 모두 자신이 처음에 선택한 수일 겁니다.

정환 : 그런데 왜 이런 결과가 나오는 걸까요?

  지금부터 앞의 여섯 번의 과정을 그림으로 나타내보면 쉽게 이해할 수 있을 것입니다.

① 하나의 수를 생각하자. : ★

② 거기에 3을 곱한다. : ★★★

③ 처음 생각한 수보다 1 큰 수를 더한다. : ★★★★●

④ 다시 11을 더한다.. : ★★★★●●●●●●●●●●●●

⑤ 이것을 4로 나눈다. : ★●●●

⑥ 마지막으로 3을 뺀다. : ★

지현 : 위의 설명된 그림을 보면 각자가 어떤 수를 선택하더라도 그 결과는 결국 처음의 수가 된다는 것을 쉽게 알 수 있군요.

한들 : 그렇지만 여기서 사용한 별 모양이나 동그라미 등의 그림을 문자로 표시할 수 있다고 하셨잖아요.

맞아요. 그래서 수학자들은 이럴 때 그림 대신 글자를 써서 문자식으로 나타내어 계산합니다. 위의 과정을 그림 대신 문자 x를 사용하여 나타내면 다음과 같습니다.

① 하나의 수를 생각하자. : x

② 거기에 3을 곱한다. : $3x$

③ 처음 생각한 수보다 1 큰 수를 더한다. : $4x+1$

④ 다시 11을 더한다. : $4x+12$

⑤ 이것을 4로 나눈다. : $x+3$

⑥ 마지막으로 3을 뺀다. : x

경민 : 문자를 사용하면 복잡하고 어려워 보이는 문제라도 손쉽게 해결할 수 있는 길이 열리는군요.

이번에는 400m 트랙에 관한 문제를 생각해 봅시다.

정환 : 트랙이라면 직사각형 모양의 필드 바깥에 반원을 좌우 양쪽에 덧붙인 경기장을 말하나요?

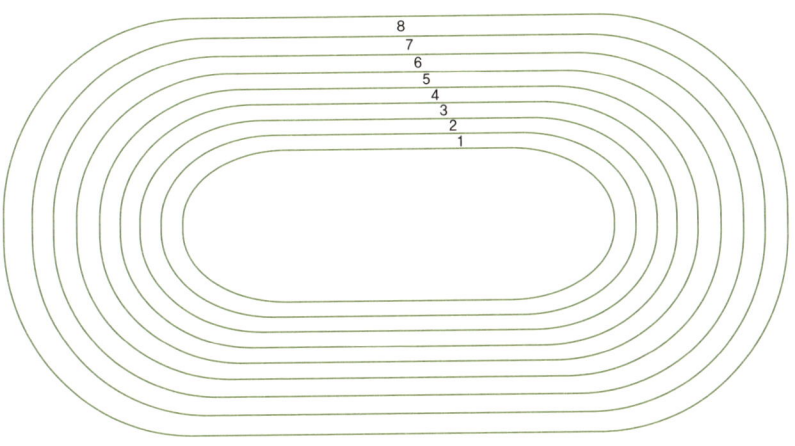

 맞습니다. 그리고 이 트랙의 직선 부분이 정확하게 120m라고 합시다. 트랙에는 제1코스부터 제8코스까지 8개의 코스가 있으며, 각 코스의 너비는 1m입니다.

지현 : 그렇다면 400m 경주를 할 때, 맨 안쪽에 있는 제1코스에서 뛰는 사람이 제일 유리하지 않을까요?

400m 경주를 할 때 제1코스를 한 바퀴 일주한 지점이 결승점이 됩니다. 따라서 제2코스는 제1코스보다 거리가 더 길기 때문에 출발선을 약간 앞쪽에서 설정하는 것입니다.

한들 : 제2코스의 출발선은 제1코스의 출발선보다 몇 m나 앞쪽에다 설정해야 하나요? 그것을 정확하게 계산할 수 있을까요?

경민 : 그리고 제3코스의 출발선은 제2코스의 출발선보다 몇 m나 앞쪽이어야 할까도 계산해야 하고, 제4코스부터 제8코스까지에 대해서도 출발선을 어디에다 설정하면 좋을지를 계산해야 하지 않을까요?

문제가 좀 복잡한 것 같죠? 하지만 복잡해 보이는 것 같은 이 문제도 사실은 그리 어려운 문제는 아닙니다. 제1코스를 한 바퀴 돌면 400m가 된다는 말은, 제1코스의 중앙 부분을 일주하면 정확히 400m가 된다는 말입니다. 그리고 이 트랙의 직선 부분이 120m이니까 곡선 부분의 좌우 양쪽의 길이는 몇 m일까요?

정환 : 곡선 부분의 좌우 양쪽의 길이를 합하면 160m입니다.

그러면 제1코스의 한쪽 부분의 반원의 둘레의 길이는 몇 m인가요?

지현 : 80m입니다.

반원의 둘레의 길이는 (반지름의 길이)×(원주율)로 구할 수 있으므로, 반지름의 길이를 구하려면 어떤 계산을 해야 할까요?

한들 : 반지름은 (반원의 둘레의 길이)÷(원주율)로 구할 수 있어요.
경민 : 실제로 계산해 보면 80÷3.14=약 25.5(m)가 되요.

제2코스의 직선부분도 제1코스와 마찬가지로 120m입니다. 그렇지만 제2코스의 곡선부분의 반지름의 길이는 1m 더 길어졌으므로 26.5 m가 됩니다. 그러면 반원의 둘레의 길이는 어떻게 되나요?

정환 : 26.5×3.14=약 83.2(m)가 되요.
지현 : 반원에서 3.2m가 늘어나 있으므로, 트랙을 일주하는 데는 6.4m쯤 앞쪽에 설정할 필요가 있겠군요.

제3코스의 반원의 반지름의 길이는 다시 1m가 더 늘어났기 때문에 2.5m가 됩니다. 따라서 반원의 둘레의 길이는 27.5×3.14=약

86.4(m)가 됩니다.

정환 : 제3코스와 제2코스의 차이를 구하면 86.4-83.2=3.2(m)가 길어졌는데, 이것 역시 트랙을 한 바퀴 도는데 6.4m만큼 길어진 셈이네요.

지현 : 어! 수치를 보니까 제1코스와 제2코스의 차와 제2코스의 차와 제3코스의 차가 똑같이 6.4m가 되는 것을 발견할 수 있어요.

 반지름은 얼마이더라도 좋으므로 반지름의 길이를 rm라고 하면, 원의 둘레의 길이는 $2\pi r$m가 됩니다. 그리고 반지름의 길이를 1m 늘였을 때의 원의 둘레의 길이는 $2\pi(r+1) - 2\pi r = 2\pi r + 2\pi - 2\pi r = 2\pi$ (m)가 됩니다.

한들 : 결국 반지름의 길이가 1m 늘어난 원의 둘레의 길이는 반지름의 길이 r과는 아무 관계도 없는 수치로 되어 버렸군요.

그렇지요. 따라서 $2 \times 3.14 =$ 약 6.28(m)가 되는 것입니다.

경민 : 다시 말해 각 코스의 길이의 차이는 언제나 6.28m로 일정하다는 말씀이군요.

바로 그거에요. 반지름의 길이가 25.5m이건 26.5m이건 반지름의 길이가 1m씩 늘어나면 대개 원의 둘레의 길이는 6.28m쯤 길어진다는 것을 알 수 있습니다.

경민 : 그렇다면 지구의 반지름의 길이를 1m만큼 늘린다 하더라도 지구 둘레의 길이는 6.28m 밖에 늘어나지 않는다는 말씀인가요?

그렇습니다. 지구의 반지름의 길이를 1m만큼 늘린다면, 아마도 그 부피는 어마어마하게 늘어날 것입니다. 하지만 적도의 길이는 6.28m 밖에 늘어나지 않는 것입니다.

3. 수학의 기호는 사고의 낭비를 막아준다

15세기로부터 16세기에 걸쳐서 이탈리아의 피보나치라는 수학자를 중심으로 새로운 수학이 시작되었다는 이야기는 앞에서 설명했습니다. 이 수학의 특징은 인도-아라비아 숫자와 계산법을 사용하였다는 것인데, 이것은 오늘날에는 아무것도 아닌 일 같지만, 당시의 숫자나 계산법이 얼마나 불편했는가를 생각하면 얼마나 획기적인 사건이었나를 알 수 있습니다.

정환 : 인도-아라비아의 계산법이 도구를 사용하지 않는 필산이었다는 말씀은 해 주셨습니다.

지현 : 부모님의 말씀을 들어 보면 우리나라에서도 최근까지 수판셈을 많이 사용했다고 하던데요?

그렇습니다. 동양의 수판은 경우에 따라서는 필산보다 간편할 때가 있습니다. 그리고 수판셈의 기술을 익힌 사람들은 계산을 더욱 쉽게 할 수 있었습니다. 그래서 우리나라와 일본 등에서는 그 기술의 숙련도에 따라서 1급, 2급 등과 같은 급수를 매기고 자격증을 주었던 거지요.

정환 : 수판셈과 같이 도구를 사용하는 계산법이 점차 사라지는 이유는 뭔가요?

도구를 사용하는 계산법의 결정적인 단점은 계산 과정을 기록할 수 없다는 점입니다. 즉 수판셈의 경우, 수판의 알을 이동시키는 순간 이전의 계산 과정과 결과가 무엇인지 알 수 없게 된다는 것입니다. 따라서 도구를 사용하는 계산법은 그 계산을 하는 사람만이 그 과정을 알 수 있다는 거예요.

지현 : 만약 수판셈으로 계산했을 때 그 결과가 틀렸다면, 다른 사람은 그 계산이 어느 부분에서 틀렸는지 알 수 없겠군요.

그렇죠. 이렇게 필산이 보급되면서 전문적인 계산가들만의 것이었던 계산법이 더는 특별한 기술이 아니게 되었던 것입니다. 왜냐하면 필산은 도구를 사용하는 계산법과는 달리 쉽게 계산할 수 있었으며,

계산 과정도 기록할 수 있었고 따라서 계산을 하다가 틀린 부분도 쉽게 발견하여 고칠 수 있게 되었기 때문입니다.

정환 : 바로 이러한 점이 필산이 도구를 사용하는 계산법보다 탁월한 이유군요.

이렇게 필산에 의해 계산 과정이 기록되면서 사람들은 계산식을 보다 간편하게 할 수는 없을까 하고 생각하기 시작했습니다. 그래서 답을 찾기 위한 편리한 '기호'를 생각하게 되었고, 하나하나의 숫자를 쓰는 대신에 '문자'를 사용하여 나타내기 시작했던 것입니다. 간혹 수학이 싫다는 이유를 딱딱해 보이는 기호 때문이라고 말하는 사람들이 있습니다. 그러나 만약 기호가 없다면 얼마나 불편한지 생각해 보세요. $(5+3) \times 2 = 16$이라는 식을 말로 표현한다면, '5에 3을 더하고 그것을 2배 하였더니 16이 되었다.'와 같이 길어져서 불편합니다.

지현 : 그리고 부등식 $a \leq x \leq b$도 말로 표현하면 'x는 a보다 크거나 같고, b보다 작거나 같다.'와 같이 복잡한 표현이 되겠군요.

그렇습니다. 식으로 나타내면 간단할 것을 말로 표현하면 그 의미가 빨리 머리에 들어오지 않는 걸 쉽게 알 수 있습니다. 다시 말해 아무리 훌륭한 수학의 내용도 기호가 없으면 그 뜻을 전달하기가 어렵습니다. 사람은 언어를 비롯한 많은 '기호'로써 생각합니다. 따라서 생각을 많이 해야 하는 수학에서는 '기호'의 사용이 절대적으로 필요한 것입니다.

정환 : 수학에서 '기호'를 사용하는 이유가, 말이나 글로 표현하면 길어지는 것을 간단히 한 눈으로 보게 할 수 있기 때문이란 말씀이시죠?

그렇죠. '기호'를 사용함으로써 사고의 낭비를 막아보자는 것이에요. 그리고 사고의 낭비뿐 아니라 시간의 낭비도 많이 줄여주는 역할을 '기호'가 하고 있는 셈이지요.

지현 : 그럼, 우리가 사용하는 그 많은 수학 기호는 언제 만들어진 건가요?

물론 수학이 처음 생길 때부터 지금처럼 많은 기호가 쓰였던 것은 아닙니다. 수학이 점점 발전함에 비례해서 많은 기호와 약속이 만들어지게 된 것이죠. 그리고 또한 편리한 기호의 발명이 수학의 발전을 촉진한 일도 있습니다.

정환 : 우리가 초등학교에서 사용하는 +, -, ×, ÷, = 등의 기호를 가지고 있지 않았던 옛날 사람들은 계산하는데 그만큼 어려웠을 것 같아요.

그렇죠. 수학문제를 푸는데 옛날보다 이처럼 쉬워진 것은 기호의 역할이 크다고 해야겠죠. 그리고 기호는 고등수학으로 올라가면서 그 수가 대단히 많아지므로 이 점을 이해하고 사용법을 정확히 익힌다면 우리가 문제를 해결하는 데 큰 도움이 될 것입니다. 그럼 사용하기 시작한 지 불과 400년도 안 된 기호들을 언제, 누가 처음 만들어서 사용하기 시작했는지 살펴보기로 합시다.

(1) =

지금 우리가 쓰는 등호 '='는 영국의 수학자 레코드가 《지혜를 가는 돌》에서 처음 썼다고 전해집니다. 레코드가 등호로써 '='을 사용한 것은 '세상에는 2개의 평행선만큼 같은 것이 없어서'라는 말에서 아이디어를 얻었다고 합니다.

(2) +, -

기호 '+'는 13세기경 이탈리아의 수학자 피보나치가 처음으로 사용했는데 '그리고'라는 라틴어 et를 흘려 쓰다가 + 모양으로 만들어졌다고 합니다.

기호 '－'는 1489년 독일의 수학자 비트만이 '모자란다.'라는 뜻의 라틴어 minus(마이너스)의 머리글자 m을 흘려 쓰다가 － 모양으로 만들어졌다고도 합니다.

(3) ✖

기호 '×'는 1631년 영국의 수학자 오트레드가 《수학의 열쇠》라는 책에서 처음으로 사용했다고 합니다. 그런데 이 기호의 모양이 방정식에서 사용하는 미지수를 나타내는 알파벳 x와 비슷하여 잘 사용하지 않다가 19세기 후반에 이르러서야 많이 사용하게 되었습니다.

또 다른 곱하기 기호 '·'(점)은 1676년 독일의 수학자 라이프니츠가 기호 ×가 문자 x와 혼동하기 쉬워서 '·'(점)을 사용했다고 합니다.

(4) ÷

기호 '÷'는 10세기경부터 사용되었지만 본격적으로 사용된 것은 1659년 스위스의 수학자 란이 발행한 《대수학》에서 쓰인 뒤였으며, ÷의 모양은 분수의 가로 막대기에 분모와 분자를 점으로 나타낸 것이란 주장이 있고, 분수의 가로 막대기에 비(:)를 나타내는 두 점을 막대기의 위아래에 위치시킨 것이라는 주장도 있습니다.

(5) **>**, **<**

우리가 쓰는 부등호 '〉, 〈'를 처음 사용한 사람은 영국의 수학자 해리엇입니다. 그 당시 영국에서는 오트레드가 발명한 기호 [,]이 많이 사용되고 있던 시기였으며, 등호와 부등호를 함께 덧붙인 기호 ≥, ≤를 처음 사용한 사람은 1734년 프랑스의 수학자 보거입니다.

4. 연립방정식의 의미를 알아보자

이번 시간에는 미지수가 2개인 일차방정식에 대하여 공부하겠습니다. 어떤 주머니 속에 500원짜리 동전 몇 개와 100원짜리 동전 몇 개가 들어 있습니다. 그런데 주머니 속의 돈을 모두 꺼내어 세어 보았더니 2300원이라고 합니다. 그렇다면 주머니 속에는 500원짜리 동전과 100원짜리 동전이 각각 몇 개씩 들어 있는 걸까요?

정환 : 이 문제에서 모르는 것이 500원짜리 동전의 개수와 100원짜리 동전의 개수이군요?

지현 : 그러니까 미지수가 2개인 방정식이군요.

그렇습니다. 500원짜리 동전의 개수를 x 라 하고, 100원짜리 동전의 개수를 y 라고 하고, 이것을 근거로 식을 만들어 보세요.

3장 문자와 식 **151**

한들 : 500원짜리 동전의 개수가 x개이므로 500원짜리 동전의 금액은 모두 (500×x)원입니다.

경민 : 그리고 100원짜리 동전의 개수가 y개이므로 100원짜리 동전의 금액은 (100×y)원입니다.

 그렇다면 동전 전체의 금액을 식으로 나타내면 어떻게 될까요?

정환 : (500×x)+(100×y)원입니다.

지현 : 위의 식은 미지수가 x와 y인 2개인 일차방정식이군요.

한들 : 식은 하나인데 미지수가 2개인 상황에서 미지수를 구할 수 있나요?

 위의 식으로는 500원짜리 동전의 개수와 100원짜리 동전의 개수를 한 번에 구할 수 없습니다. 그러나 만약 x가 몇 개라면 y는 몇 개다라는 방법으로는 해를 구할 수 있습니다. 그러나 한 번에 해를 구하는 것은 불가능합니다.

경민 : 500원짜리 동전이 1개일 경우부터 생각해 보아야 하나요?

그런 방법은 좋은 방법입니다.

정환 : 그렇다면 $x=1$이므로, 주어진 방정식은 $500+100y=2300$이 되고, 이 방정식을 풀면 $y=18$이 되요. 따라서 주머니 속에는 500원짜리 동전은 1개, 100원짜리 동전은 18개가 들어 있는 거네요.

 500원짜리 동전이 2개일 경우에는 어떻게 될까요?

지현 : 그렇다면 $x=2$이므로, 주어진 방정식은 $1000+100y=2300$이 되고, 이 방정식을 풀면 $y=13$이 되요. 따라서 주머니 속에는 500원짜리 동전은 2개, 100원짜리 동전은 13개가 들어 있는 거네요.

 500원짜리 동전이 3개일 경우도 살펴볼까요?

한들 : 그렇다면 $x=3$이므로, 주어진 방정식은 $1500+100y=2300$이 되고, 이 방정식을 풀면 $y=8$이 되요. 따라서 주머니 속에는 500원짜리 동전은 3개, 100원짜리 동전은 8개가 들어 있는 거네요.

 마지막으로 500원짜리 동전이 4개인 경우도 살펴봅시다.

경민 : 그렇다면 $x=4$이므로, 주어진 방정식은 $2000+100y=2300$이 되고, 이 방정식을 풀면 $y=3$이 되요. 따라서 주머니 속에는 500원짜리 동전은 4개, 100원짜리 동전은 3개가 들어 있는 거네요.

아주 잘했습니다. 따라서 여러분이 해결한 4가지 경우를 표로 나타내면 다음과 같습니다.

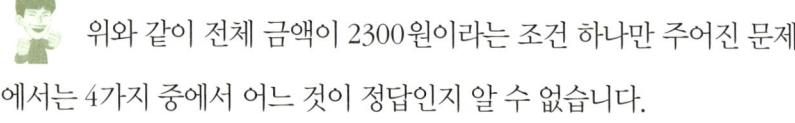

	500원짜리 동전의 개수(x)	100원짜리 동전의 개수(y)	전체 금액
정환	1	18	2300
지현	2	13	2300
한들	3	8	2300
경민	4	3	2300

정환 : 그렇다면 실제로 주머니 속에는 500원짜리 동전과 100원짜리 동전이 각각 몇 개씩 들어 있다는 것일까요?

위와 같이 전체 금액이 2300원이라는 조건 하나만 주어진 문제에서는 4가지 중에서 어느 것이 정답인지 알 수 없습니다.

지현 : 그럼 다른 조건이 추가되어야 한다는 말씀인가요?

만약 위의 4가지 경우 중에서 주머니 속 동전의 개수가 모두 11개라는 조건이 붙으면 4명의 학생 중 누구의 답이 정답이 될까요?

한들 : 저요. 즉, 500원짜리 동전이 3개이고, 100원짜리 동전이 8개인 경우가 정답이 되요.

 이러한 조건이 들어 있는 식을 만들어 보세요.

경민 : $x + y = 11$이 되요.

잘했습니다. 미지수가 2개인 일차방정식에서 해를 구하기 위해서는 2개의 식이 필요합니다. 즉, 2개의 식을 동시에 만족하게 하는 x와 y의 값을 찾아야 합니다.

정환 : 이러한 방정식을 연립방정식이라고 하나요?

 그렇습니다. 이제 두 개의 식을 연립방정식으로 나타내 볼까요?

지현 : $500x + 100y = 2300$ ⋯①

$x+y=11$ …② 과 같이 나타낼 수 있습니다.

먼저 ①번 식의 양변을 100으로 나누고 이 식을 ③번으로 표시해 봅시다.

한들 : $5x+y=23$ …③이요.

이제 ③번 식에서 ②번 식을 빼 보세요.

경민 :
$$\begin{array}{r} 5x+y=23 \\ -)x+y=11 \\ \hline 4x=12 \end{array}$$

$4x=12$가 되고 이 식의 해는 $x=3$입니다.

정환 : ③번 식에서 ②번 식을 빼니 y항이 사라지네요?

그렇습니다. 그리고 $x=3$을 ①, ②, ③번 식 중에서 어디든지 대입할 수 있습니다. $x=3$을 ②번 식에 대입하면 $3+y=11$이므로 $y=8$이 됩니다. 따라서 $x=3$, $y=8$이 이 연립방정식의 해가 됩니다. 그럼 다음의 문제를 여러분이 스스로 해결해 보세요.

닭과 토끼가 모두 100마리인데, 다리를 세어보니 272개였습니다. 닭과 토끼는 각각 몇 마리인지 구하시오.

정환 : 닭과 토끼가 모두 100마리라고 했으므로 닭의 수를 x, 토끼의 수를 y라고 하면 다음과 같은 일차방정식을 만들 수 있어요.

$$x + y = 100 \cdots ①$$

지현 : 그리고 다리를 세어보니 다리 수는 모두 272개라고 했고, 닭은 한 마리당 다리가 2개이고 토끼는 다리가 4개이므로 다음과 같은 일차방정식을 만들 수 있어요.

$$2x + 4y = 272 \cdots ②$$

한들 : ②번 식의 양변을 2로 나누면 다음과 같은 일차방정식이 되요.

$$x + 2y = 136 \cdots ③$$

경민 : 그리고 ③번 식에서 ①번 식을 빼면 x항이 사라져요.

$$\begin{array}{r} x + 2y = 136 \\ -)\ x + y = 100 \\ \hline y = 36 \end{array}$$

3장 문자와 식 **157**

정환 : 이제 $y=36$을 ①번 식에 대입하면 $x+36=100$이 되므로 $x=64$가 되고, 따라서 $x=64$, $y=36$이 이 연립방정식의 해가 되요.

아주 잘했습니다. 그런데 이 문제는 곰곰이 생각해 보면 아주 쉽게 해결하는 방법이 있습니다. 자, 다음과 같은 방법으로 생각해 봅시다. 닭과 토끼가 각각 다리를 반씩 들고 있는 상황을 상상해 보세요. 그러면 땅에 딛고 있는 다리의 총 수는 272개의 절반인 136개입니다. 이때, 닭을 한 마리당 1개의 다리만을 땅에 딛고 있는 셈이고, 토끼는 한 마리당 2개의 다리만을 땅에 딛고 있는 상황을 떠올리면 이해가 더 쉽게 될 것입니다. 그리고 이어서 닭과 토끼의 다리를 하나씩 더 들게 했다고 생각해 봅시다.

그러면 닭과 토끼가 총 100마리이므로 남은 다리를 생각하면 $136-100=36$(개)입니다. 그런데 이제까지의 상황을 정리해 보면 닭은 다리를 모두 들고 있는 상태이고, 토끼는 4개의 다리 중에 3개를 든 상태이므로 남아 있는 다리는 모두 토끼의 다리인 셈입니다. 따라서 토끼의 수는 36마리이고, 닭의 수는 $100-36=64$(마리)입니다.

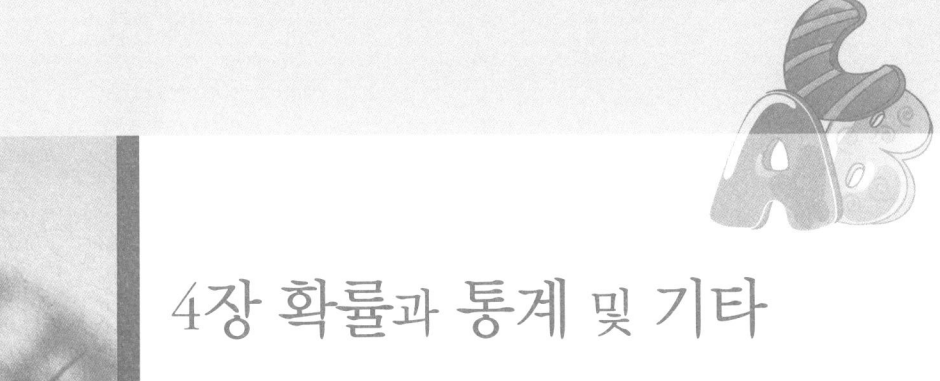

4장 확률과 통계 및 기타

1. 두 수를 비교하는 방법으로서의 비율
2. 집합과 무한의 관계를 알아보자
3. 수학적 확률과 통계적 확률의 차이점
4. 통계는 사람을 속일 수 있다

1. 두 수를 비교하는 방법으로서의 비율

 이번 시간에는 재미있는 예를 들어보면서 두 수의 크기를 비교하는 두 가지 방법에 대해 공부해 보겠습니다.

며칠 전에 우리나라와 일본의 축구경기가 월드컵 경기장에서 있었습니다. 전반전이 막 끝나고 휴식 시간이 되었습니다. 전반전이 끝난 현재의 점수는 4:2로 우리나라가 앞서나가고 있었습니다. 그런데 갑자기 일본팀의 주장 선수가 심판을 찾아가서는 점수 4:2는 2:1과 크기가 같으니 점수를 2:1로 바꾸어 후반전을 계속하자는 것이었습니다. 이때 이 장면을 보고 있던 우리팀 주장 선수가 깜짝 놀라 심판에게 달려가서 4:2는 8:4와 같으니 점수를 8:4로 바꾸어 후반전을 시작하자고 주장을 했습니다.

위 이야기에서 일본팀의 주장 선수는 4:2가 2:1과 같다고 했는데, 무엇이 같다는 말인가요?

정환 : 우리나라의 점수가 일본의 점수보다 2배 많은 것으로 같다는 의미인 것 같은데요.

그렇다면 한국팀의 주장 선수는 4:2가 8:4와 같다고 했는데 이것 또한 같은 의미일까요?

정환 : 네, 한국팀 주장 선수의 생각도 한국이 일본보다 2배 많은 점수를 얻고 있다는 의미로 말하는 것 같습니다.

네, 그렇습니다. 경기장에 있는 두 주장 선수는 두 팀 간의 점수를 '비율'이라는 방법으로 비교하는 것입니다. 우리가 축구경기와 같이 두 팀 간의 점수를 비교할 때 '비율'로 비교하는 것이 바람직한 방법일까요?

지현 : 아니요. 두 팀 간의 점수를 비교하는 방법으로는 비율로 비교하는 것보다는 두 팀의 점수 간의 차로 비교하는 방법이 옳은 방법이에요.

맞습니다. 우리는 일상생활 속에서 두 수나 양을 서로 비교해야 할 경우가 많습니다. 이럴 때 비교하는 방법으로는 첫째, 어느 쪽이 다른 쪽보다 얼마나 많으냐 또는 적으냐를 판단해야 할 경우가 있는데 이 방법은 두 개의 수량을 '차'로 비교하는 방법입니다. 그리고 둘째, 어느 쪽이 다른 쪽의 몇 배인가를 판단해야 할 경우가 있는데 이 방법은 두 개의 수량을 '비율'로 비교하는 방법입니다.

한들 : 다른 예를 들어 설명해 주실 수 있나요?

좋습니다. 이번에는 A와 B 두 사람이 가지고 있는 사탕의 개수를 비교해 봅시다. 우선 A는 12개의 사탕을 가지고 있고 B는 8개의 사탕을 가지고 있다고 합시다. 먼저 A는 B보다 몇 개의 사탕을 더 가지고 있나요?

경민 : (A 사탕의 개수)−(B 사탕의 개수)=12−8=4(개)입니다. 그리고 이 방법은 두 개의 수량을 '차'로 비교하는 방법이 되겠군요.

그렇습니다. 이번에는 A는 B보다 몇 배 더 많은 사탕을 가지고 있나요?

정환 : (A 사탕의 개수)÷(B 사탕의 개수)=12÷8=1.5(배)입니다. 그리고 이 방법은 어느 쪽이 다른 쪽의 몇 배인가를 나타내는 즉, 두 개의 수량을 '비율'로 비교하는 방법이 되겠군요.

그래요, A는 B보다 1.5배 많은 사탕을 가지고 있는 것이고, 이것은 두 개의 수량을 '비율'로 비교하는 방법입니다. 즉, 12가 8의 1.5배라는 것은 8을 기준으로 하여 8과 12를 비교한 것입니다. 이때 8을 기준량이라 하고, 12를 비교하는 양이라고 합니다.

지현 : 다시 말해 비율이란 비교하는 양을 기준량으로 나눈 몫을 의미하는 것이군요.
그리고 이것을 식으로 나타내면 (비율)=$\frac{(비교하는 양)}{(기준량)}$ 이 되고요.

8과 12를 다음 그림과 같이 생각하여 비교해 보면 편리합니다. 먼저 다음의 그림은 차이로 비교하는 경우의 그림입니다.

(1) ○○○○○○○○

　　○○○○○○○○●●●●

　　　　　4개 많다.

그리고 다음의 그림은 비율로 비교하는 경우의 그림입니다.

(2) 기준량 : ○○○○○○○○

　　　　　　1로 비교

　비교하는 양 : ○○○○○○○○　●●●●

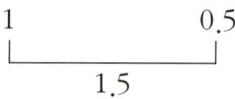

한들 : 그러니까 비율이란 기준량을 1로 보았을 때의 비교하는 양의

　　　 크기를 나타내는 것이군요

 맞습니다. 이번에는 B 사탕의 개수가 A 사탕의 개수의 몇 배가 되는지 구해볼까요?

경민 : 이럴 때에는 A 사탕의 개수가 기준이 되겠는데요. 따라서
(B 사탕의 개수)÷(A 사탕의 개수) = 8÷12 = $\frac{2}{3}$ 가 됩니다.

이처럼 기준으로 정할 양을 바꾸어 놓으면 비율도 달라집니다. 다시 말해서 비율이란 기호 ' : '의 뒤에 오는 기준량을 1로 보았을 때 비교하는 양이 얼마나 되는지를 분수나 소수로 나타낸 값입니다.

정환 : 그런데 비를 나타낼 때 사용하는 기호 ' : '는 어떻게 태어났고, 어떻게 사용된 것일까요?

기호 ' : '는 1684년 독일의 수학자 라이프니츠의 논문에서 처음으로 인쇄되어 나타났는데, 라이프니츠는 이 기호를 나눗셈의 의미로도 사용했다고 합니다. 실제로 라이프니츠는 1698년 7월 29일 수학자 요한 베르누이에게 보낸 편지에서 곱셈을 나타내는 기호 ' × '가 영어의 알파벳 x와 혼동되기 때문에 자신은 곱셈을 나타내기 위해 점 한 개, 즉 기호 ' · '를 사용하고, 비와 나눗셈을 나타내기 위하여 점 두 개인 ' : '를 사용하였습니다.

2. **집합**과 **무한**의 **관계**를 알아보자

이번 시간에는 집합을 배우는 목적이 무엇인지 그리고 집합과 무한과의 관계를 알아보도록 하겠습니다. 먼저 옛날이야기를 하나 해 주겠습니다.

옛날 어떤 임금님이 자기의 동산에 있는 나무의 수를 알고 싶었습니다. 그런데 하나씩 세어 나가자니 자꾸 헷갈리고 몇 그루였는지 잊어버려서 결국에는 나무의 수를 정확히 세어 줄 사람을 구한다는 방을 붙이기에 이르렀습니다. 그리고 나무의 수를 정확히 세는 사람에게는 자신의 예쁜 공주와 결혼을 시켜주겠다고 했습니다.
많은 사람이 나무를 세는 일에 도전해 보았지만 모두 실패하고 말았습니다. 이때, 한 젊은이가 긴 새끼줄을 가져와서 적당한 길이로 자른 다음 그 수를 세어두었습니다. 그리고 그 새끼줄로 나무를 하나씩 묶어 나갔습니다. 모든 나무에 새끼줄을 다 묶었을 때 젊은이는 원래 세어놓았던 수에서 남은 새끼줄의 수를 빼어 임금님께 고했습니다. 물론 젊은이는 임금님의 사위가 되는 큰 상도 받았습니다.

이 젊은이처럼 어떤 사물에 다른 사물 하나를 짝을 짓는 것을 무엇이라고 하나요?

정환 : 일대일 대응이라고 합니다.

그래요. 두 집합이 있을 때 한 집합의 모든 원소에 다른 집합의 모든 원소가 꼭 하나씩 대응하면 두 집합은 일대일 대응을 이룬다고 말합니다. 만약 두 집합이 일대일 대응을 이루면 이 두 집합의 원소 수는 어떤 관계에 있는 걸까요?

지현 : 두 집합은 같은 수의 원소를 가진 것입니다.

앞에서 두 유한집합이 일대일 대응을 이룬다면 두 집합의 원소의 수는 같다고 했습니다. 그럼 이제 무한집합에서 원소의 수에 관해서 알아보려고 하는데 무한집합에서 '원소의 수'라는 단어가 좀 어색하므로 '기수'라는 표현을 쓰도록 하겠습니다.

한들 : 그렇다면 두 집합이 일대일 대응을 이룬다면 두 집합의 기수는 같다고 할 수 있겠군요.

먼저, 유한집합을 가지고 생각해 봅시다. $A=\{a, b, c\}$이고, $B=\{1, 2, 3\}$이라고 하면, 두 집합의 기수는 같고 두 집합의 원소들은 어떤 방법으로 짝을 짓는다 해도 모두 일대일 대응을 이룹니다.

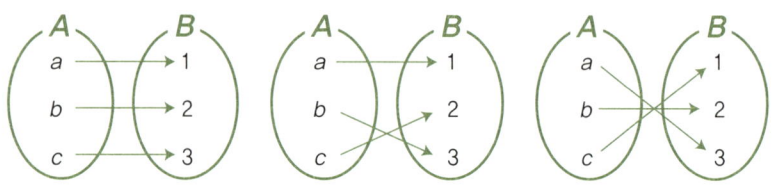

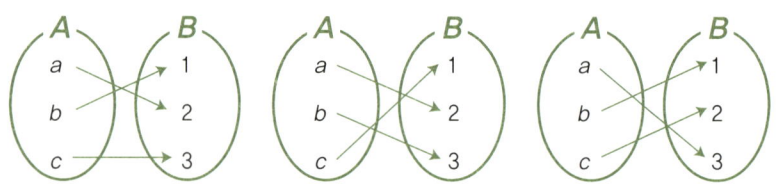

그리고 집합 A의 부분집합을 모두 찾아보세요.

경민 : 집합 A가 $A=\{a, b, c\}$이므로 A의 부분집합은 $\emptyset$, $\{a\}$, $\{b\}$, $\{c\}$, $\{a, b\}$, $\{b, c\}$, $\{c, a\}$, $\{a, b, c\}$로 모두 8개입니다.

 그럼 집합 A의 진부분집합은 몇 개인가요?

정환 : 집합 A의 진부분집합은 $\{a, b, c\}$를 뺀 7개입니다.

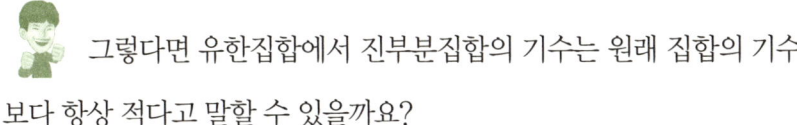 그렇다면 유한집합에서 진부분집합의 기수는 원래 집합의 기수보다 항상 적다고 말할 수 있을까요?

지현 : 네, 그렇습니다.

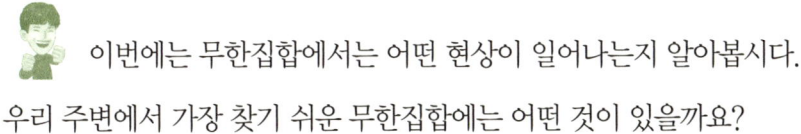 이번에는 무한집합에서는 어떤 현상이 일어나는지 알아봅시다. 우리 주변에서 가장 찾기 쉬운 무한집합에는 어떤 것이 있을까요?

한들 : 우리에게 가장 친숙한 무한집합에는 자연수의 집합이 있어요.

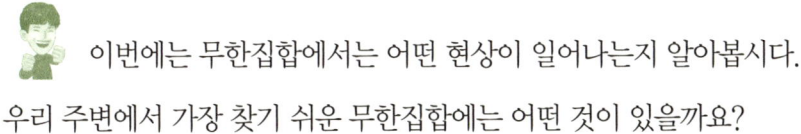 좋습니다. 그렇다면 자연수의 집합과 그 진부분집합인 짝수의 집합을 짝을 짓는 방법에 대해 알아봅시다. 먼저 다음과 같이 짝짓기를 했다면 자연수의 집합과 짝수의 집합의 기수는 같다고 할 수 있을까요?

자연수의 집합 = {1, 2, 3, 4, 5, 6, 7, 8, ⋯ }

짝수의 집합 = {2, 4, 6, 8, 10, 12, 14, ⋯ }

경민 : 위와 같은 방법으로 하면 자연수의 집합의 처음 1이 남아 있
으므로 끝없이 계속한다면 자연수의 집합의 원소가 하나 더
많은 것처럼 보이는데요.

그렇다면 다음과 같이 짝짓기를 했다면 어떨까요?

자연수의 집합 = {1, 2, 3, 4, 5, 6, 7, 8, 9, 10, … }

짝수의 집합 = { 2, 4, 6, 8, 10, … }

지현 : 위의 대응을 보면 자연수의 원소가 반은 짝이 없으므로 자연
수의 기수가 짝수의 기수의 2배가 될 것 같아요.

좋습니다. 그렇다면 다음과 같은 짝짓기 방법은 어떤가요?

자연수의 집합 = {1, 2, 3, 4, 5, 6, 7, … }

짝수의 집합 = {2, 4, 6, 8, 10, 12, 14, … }

지현 : 위와 같은 방법으로 짝짓기를 했다면 자연수의 집합과 짝수의
집합이 일대일 대응이되므로 기수가 같다고 말할 수 있어요.

이처럼 무한집합은 어떻게 짝을 짓느냐에 따라서 서로의 기수가 달라 보이므로 무한집합이 일대일 대응을 이룬다는 것은 '언제나 그렇게 된다.' 라는 뜻이 아니라 '그렇게 되는 경우가 존재하면' 일대일 대응을 이루어 집합의 기수가 같다라고 해석해야 합니다.

다시 말하면 자연수의 집합과 짝수의 집합은 다음과 같은 방법으로 일대일 대응이 가능하기 때문에 기수가 같습니다.

자연수의 집합 = {1, 2, 3, 4, 5, 6, ⋯, n, ⋯ }

짝수의 집합 = {2, 4, 6, 8, 10, 12, ⋯, 2n, ⋯ }

이것은 홀수의 집합의 경우에도 마찬가지입니다.

자연수의 집합 = {1, 2, 3, 4, 5, 6, ⋯, n, ⋯ }

홀수의 집합 = {1, 3, 5, 7, 9, 11, ⋯, 2n−1, ⋯ }

한들 : 그렇다면 무한집합인 자연수의 집합은 자기 자신의 진부분집합인 짝수의 집합이나 홀수의 집합과 기수가 같다는 결론을 얻을 수 있겠군요.

경민 : 우리는 '부분은 전체보다 작다.' 라는 사실을 상식적으로 알고 있는데, 무한집합에 이르러서는 이 상식이 깨지고 마는군요.

그렇습니다. 이런 놀라운 사실을 맨 처음 알아낸 사람은 갈릴레이입니다. 그는 자연수와 그 진부분집합인 제곱수 사이에 일대일 대응 관계가 이루어짐을 생각해 냈습니다.

자연수의 집합 = {1, 2, 3, 4, 5, 6, ⋯, n, ⋯}

제곱수의 집합 = {1, 4, 9, 16, 25, 36, ⋯, n^2, ⋯}

그러나 갈릴레이는 단지 그러한 성질이 있음을 말한 데 그친 것이고, 이런 성질을 무한의 기본 성질로 삼아 논리를 전개해 나간 사람은 칸토어였습니다.

3. 수학적 확률과 통계적 확률의 차이점

매일 뉴스의 끝부분에서 빼놓지 않고 등장하는 것이 일기예보입니다. 그런데 일기예보를 방송하던 아나운서가 "내일 서울 지역에 비 가올 확률은 50%입니다."라고 말했습니다. 이 아나운서의 멘트가 의미하는 것을 여러분은 어떻게 해석하고 있나요?

정환 : 서울 지역에 24시간 중에서 12시간 동안 비가 온다는 뜻이 아닐까요?

지현 : 서울 지역의 반만큼만 비가 온다는 뜻이 아닐까요? 예를 들어 서울 지역 중에서 강남에는 비가 오고, 강북에는 비가 안 온다는 의미 말입니다.

한들 : 제 생각으로는 지역이나 시간에 관계된 의미가 아니라, 가능성에 관계된 의미가 아닌가 생각합니다. 예를 들어 서울 지역에 비가 올 가능성이 $\frac{1}{2}$ 이라는 의미 같은데요.

  그렇습니다. 일기예보란 내일 날씨를 예측하는, 즉 내일 비가 올 가능성을 수치로 나타낸 확률입니다. 다시 말해 확률이란 미래에 일어날 수 있는 모든 경우의 수 중에서 어떤 특정한 사건이 일어날 가능성을 수치로 나타낸 것이 확률입니다.

경민 : 확률에 관한 다른 예를 설명해 주세요.

확률에는 두 가지 종류가 있습니다. 그 중 하나가 수학적 확률입니다.

정환 : 수학적 확률이란 어떤 확률을 말하는 거예요?

예를 들어, 어떤 학급은 남자 10명, 여자 10명으로 이루어졌다고 합시다. 그런데 이 학급은 한 달에 한 번 짝을 바꾸고, 남자와 여자가 짝이 된다고 합니다. 성현이는 자기가 좋아하는 여학생인 연희와 짝을 하고 싶어 합니다. 그런데 이 반은 짝을 바꾸는 방법으로 1번부터 10번까지 번호가 적힌 제비를 마련하여 제비뽑기를 합니다. 성현이가 연희와 짝이 될 확률은 얼마일까요?

지현 : $\frac{1}{10}$ 이요.

왜 그렇지요?

지현 : 제비뽑기를 할 때 1번부터 10번까지 쓰여 있는 제비가 뽑힐 가능성이 모두 똑같기 때문이에요.

그렇습니다. 이 남학생의 짝이 될 가능성은 1번 여학생부터 10번 여학생까지 모두 똑같다는 것입니다.

한들 : 아하! 그래서 이러한 가능성을 확률이라고 말하는군요.

그렇지만 가능성도 반드시 같은 확률의 가능성이어야 한다는 전제조건이 있습니다.

한들 : 같은 조건의 가능성이라니요?

예를 들어, 세 사람이 어떤 게임의 술래를 정할 때 동전 던지기를 하기로 했습니다. 그리고 그 중에서 힘이 제일 센 친구가 자기는 동전이 앞면이나 뒷면이 아닌 동전이 반듯하게 서게 된 경우에만 술래를 하겠다고 주장을 한다면 이러한 방법은 공평한 방법이라고 할 수 있을까요?

경민 : 공정하지 않아요.

이 힘센 친구의 주장에는 어떤 문제점이 있다고 생각하나요?

경민 : 예를 들어 축구 시합에서 동전을 던져 공격과 수비 진영을 정하는 방법에 양팀 주장은 모두 흔쾌히 찬성을 합니다. 그 이유는 동전의 앞면과 뒷면이 나올 가능성이 같기 때문이예요.

그렇습니다. 다시 말해 동전을 던질 때마다 앞과 뒤가 나올 가능성은 50%입니다. 즉, $\frac{1}{2}$ 의 확률을 갖는 것입니다. 이처럼 어떤 경우

이든 가능성이 같은 경우에 대한 확률을 '수학적 확률'이라고 합니다.

정환 : 또 다른 확률에는 어떤 것이 있나요?

 축구 시합에서 페널티 킥을 찰 때 성공할 수 있는 확률은 얼마일까요?

지현 : 골인 아니면 노골이므로 확률은 $\frac{1}{2}$이 아닐까요?

한들 : 그렇다면 첫 번째 선수가 페널티 킥에 성공했다면 다음 선수는 실패할 확률이 첫 번째 선수보다 높아지잖아?

경민 : 맞아! 페널티 킥은 연속해서 성공될 수도 있고, 연속해서 실패할 수도 있어. 그리고 그러한 상황이 자주 일어나는 것을 우리는 쉽게 볼 수 있잖아.

그렇습니다. 농구 시합에서 자유투를 던질 때 농구공을 열 번 던지면 5번 골인될 확률이 있다고 말할 수 없습니다. 다시 말해 자유 투를 던지는 사람의 농구 실력과 관계된 것이란 뜻입니다.

정환 : 동전 던지기처럼 가능성이 같은 두 가지로 이루어진 경우가 아니란 뜻이군요?

맞습니다. 이처럼 상황에 따라서 가능성이 다를 수 있는 경우에 대해서는 그동안의 경험을 분석해서

(전체에서 어떤 일이 일어난 경우의 수)÷(조사한 전체 경우의 수)로 확률을 구합니다. 이때 조사한 전체 경우의 수가 많으면 많을수록 확률은 그만큼 더 정확해집니다. 이와 같은 방법으로 구하는 확률을 '통계적 확률'이라고 합니다.

4. 통계는 사람을 속일 수 있다

 다음의 일화는 어느 회사에서 일어난 일인데 통계에 대한 잘못된 이해 때문에 큰 오류를 범하는 것을 보여 주고 있습니다.

성실해라는 청년이 대학을 졸업하고 월급을 제법 많이 준다는 회사를 방문하여 그 회사의 사장과 대화를 나누고 있습니다.
성실해 : 저는 이 회사에서 일하고 싶습니다.
사장 : 왜 우리 회사를 선택했는지 말해줄 수 있나?
성실해 : 이곳의 월급이 괜찮다고 들었습니다.
사장 : 우리 회사의 월급은 매우 높은 편이지. 1인당 평균 월급이 200만 원이나 되니까 말이야.
성실해는 일을 시작한 지 몇 개월 만에 사장을 찾아가 항의를 했습니다.
성실해 : 이 회사의 평균 월급에는 문제가 있습니다.
사장 : 무엇이 문제란 말이지?
성실해 : 일반 사원 중에서 100만 원을 넘는 사람이 한 사람도 없습니다. 그런데 어떻게 평균 월급이 200만 원이라는 거지요?
사장 : 나는 매달 500만 원을 그리고 부사장인 내 동생과 총무실장인 내 부인이 매달 400만 원을 받지. 그리고 나머지 사원 7명이 매달 100만 원을 받고 있으니 매달 지급

되는 월급의 총액은 2000만 원이고, 이것을 10명으로 나누면 200만 원이 되지. 이해가 되나?

 위의 이야기에서 회사 사장이 말하는 평균이란 어떤 평균을 말하고 있는 걸까요?

정환 : 모든 사람의 월급을 더해서 사람 수로 나눈 것을 말해요.

 이러한 방법에는 어떤 함정이 숨어 있나요?

지현 : 평균 임금의 개념이 완전히 왜곡되고 있어요.

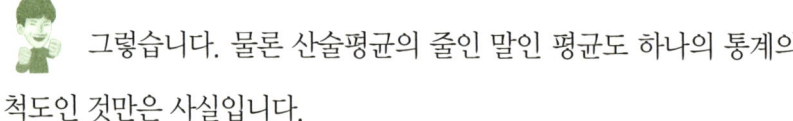 그렇습니다. 물론 산술평균의 줄인 말인 평균도 하나의 통계의 척도인 것만은 사실입니다.

한들 : 어느 저수지의 수심을 표시할 때 평균 수심을 써 놓는 것은 의미가 없다는 말을 들었어요. 그 이유는 무엇인가요?

예를 들어 어떤 어른이 평균 수심이 1m인 연못에 빠져 죽었다고 한다면 사람들은 매우 의아스럽게 생각할 거예요. 왜냐하면 실제로 그 사람은 평균 수심인 곳에서 빠져 죽은 것이 아니고 수심이 훨씬 더 깊은 물에서 익사한 것이기 때문입니다.

경민 : 그러니까 평균 즉, 산술평균의 의미가 항상 정확한 정보를 제공해 주지는 못한다는 말씀이군요.

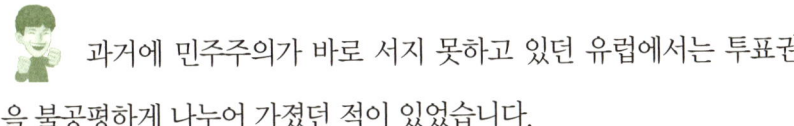 과거에 민주주의가 바로 서지 못하고 있던 유럽에서는 투표권을 불공평하게 나누어 가졌던 적이 있었습니다.

정환 : 어떻게 말인가요?

50명의 의원으로 구성된 의회에서, 50명의 의원이 총 600표의 의결권을 행사한다면 한 사람이 행사하는 평균 표수는 얼마인가요?

지현 : 600÷50=12(표)입니다.

그렇지만 그 중에서 45명은 각각 4표씩만 가지고, 나머지 5명이 각각 84표씩을 가진다면 어떤 결과를 낳게 되겠습니까?

한들 : 1인당 평균 표수는 12표일지라도 사실상 5사람이 의회를 좌

지우지하는 셈이 되겠군요.

그렇습니다. 이렇듯 어떤 상황에서 얻어진 자료의 집합은 통계 처리 방식에 따라 서로 다른 해석을 낳을 수도 있고, 왜곡된 결과를 만들어 낼 수도 있는 것입니다.

경민 : 통계의 함정에 대해 또 다른 예를 들어 주실 수 있나요?

어떤 의학 잡지에서 우유를 많이 마시면 암에 걸리기 쉽다는 경고 기사가 실린 적이 있습니다.

정환 : 무슨 근거로 그런 내용을 실었나요?
지현 : 저도 그 기사를 본 적이 있는데, 우유를 많이 생산하고 소비하는 곳에서는 암이 눈에 띄게 자주 발생하는데 우유를 마시지 않는 곳에서는 거의 발생하지 않는다는 내용이었어요.
한들 : 그러나 암의 원인이 단지 우유를 마셨기 때문이라고 생각하는 것에는 무리가 있지 않을까요?

그렇습니다. 우유를 많이 마시는 지역과 암의 발생률이 높은 지역이 거의 일치한다는 통계만으로 우유를 많이 마시면 암에 걸린다는 결론을 내는 것은 위험한 일이 될 것입니다.

경민 : 그렇다면 왜 그 의학 잡지에서는 그런 섣부른 결론을 내린 걸까요?

그 이유는 보이지 않는 다른 원인은 생각하지 않고, 보이는 두 가지 자료, 즉 우유를 많이 마시는 지역과 암의 발생률이 많은 지역을 가지고 두 자료가 관계가 있을 것이라고 성급하게 결론지었던 것이죠.

정환 : 그러니까 보이는 자료가 두 가지만 있을 때 두 자료를 원인과 결과의 관계로 단정을 지으면 엉뚱한 결과를 얻을 수도 있다는 말씀이군요.

맞습니다. 통계의 함정에 빠지지 않고 통계를 올바르게 이해하기 위해서는 빠진 자료는 없는지 확인하는 일이 중요합니다. 또 두 가지 사건이 함께 일어나는 경우 두 사건 만으로 판단하기 보다는 사건의 경과나 시대적인 배경 등의 다른 자료들을 조사해 볼 필요가 있다는 것입니다.

중앙에듀북스
중앙경제평론사

Joongang Edubooks Publishing Co./Joongang Economy Publishing Co.

중앙에듀북스는 폭넓은 지식교양을 함양하고 미래를 선도한다는 신념 아래 설립된 교육·학습서 전문 출판사로 우리나라와 세계를 이끌고 갈 청소년들에게 꿈과 희망을 주는 책을 발간하고 있습니다.

홍쌤의 수학 알레르기 이별수업

초판 1쇄 인쇄 | 2010년 9월 3일
초판 1쇄 발행 | 2010년 9월 7일

지은이 | 홍선호(Sunho Hong)
펴낸이 | 최점옥(Jeomog Choi)
펴낸곳 | 중앙에듀북스(Joongang Edubooks Publishing Co.)

대　　　표 | 김용주
책 임 편 집 | 박덕희
본문디자인 | 신경선

출력 | 국제피알　종이 | 한솔PNS　인쇄·제본 | 태성문화사

잘못된 책은 바꾸어 드립니다.
가격은 표지 뒷면에 있습니다.

ISBN 978-89-94465-06-7(13410)

등록 | 2008년 10월 2일 제2-4993호
주소 | ㉾ 100-789 서울시 중구 왕십리길 160(신당5동 171) 도로교통공단 신관 4층
전화 | (02)2253-4463(代)　팩스 | (02)2253-7988
홈페이지 | www.japub.co.kr　이메일 | japub@naver.com | japub21@empal.com

♣ 중앙에듀북스는 중앙경제평론사·중앙생활사와 자매회사입니다.

Copyright ⓒ 2010 by 홍선호

이 책은 중앙에듀북스가 저작권자와의 계약에 따라 발행한 것이므로 본사의 서면 허락 없이는 어떠한 형태나 수단으로도 이 책의 내용을 이용하지 못합니다.

▶ 홈페이지에서 구입하시면 많은 혜택이 있습니다.

중앙북샵　www.japub.co.kr　전화주문: 02) 2253 - 4463

※ 이 도서의 **국립중앙도서관 출판시도서목록(CIP)**은 e-CIP 홈페이지(www.nl.go.kr/cip.php)에서 이용하실 수 있습니다.(CIP제어번호: CIP2010002856)